회사의 목적은
이익이 아니다

회사의 목적은
이익이 아니다

요코타 히데키 지음 | 임해성 옮김

13년 연속 고객만족도 1위 기업
넷츠토요타난고쿠 창업자의 경영철학

트로이목마

들어가며

전후, 일본은 왕좌의 위치에 오랫동안 머물러 왔습니다. 여러 가지 행운도 작용한 결과이겠습니다만 이 과정에서 일본의 경영은, 빠른 시간 안에 양*을 확보하는 수법을 왕도로 여겨온 것도 사실입니다. 질*은 아무래도 좋으니, 우선은 양을 추구한다. 그런 방식이 어느새 상식이 되어버렸습니다.

그러나 저는, '질이 좋은 회사를 만들고 그 결과로써 양을 늘려간다'는 것이 본래 경영의 모습이라고 생각합니다. 그것이 일하는 사람에게 있어서나, 고객에 있어서나, 지역사회에 있어서 가장 행복한 모습이며, 영속 가능한 것이라고 생각하기 때문입니다.

이것은 또한 선조들이 아주 오랜 옛날부터 강조한 것이기도 합니다만, 많은 사람들이 이것의 중요성을 잊은 것 같아 보입니다.

넷츠토요타난고쿠는 양을 추구하는 사고방식이 최고조에 달해 버블경기를 앞둔 1980년에 토요타자동차의 판매회사로 출발하였습니다.

창업 이래, 20년, 30년을 이어오면서 '질 추구'의 길을 한 걸음, 한 걸음 묵묵히 걸어왔습니다. 이 여정에서 무엇을, 어떻게 생각하고, 어떻게 소중히 여겼는가를 밝힌 것이 이 책입니다.

여기에 쓴 것은, 저에게 있어 그 어느 것이나 너무도 당연한 것이어서, 새로운 것이라고는 하나도 없는 듯합니다.

저는 단지, 회사의 바람직한 모습을 그림에 있어서, '질 추구'라는 흔들림 없는 콘셉트, 가치관을 놓치지 않고 실천한 것뿐입니다. 따라서 "참 쉽지 않은 일을 용케도 지속해왔군요"라는 칭찬에는 솔직히 말씀 드려 약간의 위화감을 가지고 있습니다. 왜냐하면, 저는 세상의 많은 이들이 추구하는 '단기간의 개혁, 혁신'이 훨씬 어려운 일이라고 느끼기 때문입니다.

깊이 뿌리 내린 나무를 몇 년만에 키워내기 어려운 것처럼,

'좋은 회사를 만든다'는 것도 단기간에 이룰 수 없습니다. 2년이나 3년만에 기업풍토에 혁신을 가져온다 하더라도 대개의 경우, 좋은 결과로만 끝나지는 않는 것 같습니다. 그것은 무리가 있기 때문입니다.

경영의 세계에서 20년이나 30년이라는 시간은 순식간에 지나가는 시간입니다. 그러므로 끈기 있게, 담담하게 '인간의 행복'을 진심으로 고민하고, 실천을 지속하는 것이야말로 경영의 왕도라고 생각합니다.

그러한 신념으로 30여 년, 세상의 시류에 역행하는 경영을 해왔습니다만, 일본경영품질상 수상이나, 전국의 토요타 판매회사 중에 고객만족도 1위를 오랫동안 유지하는 것을 보면, 역시 제 생각, 가치관은 틀리지 않았다고 생각합니다.

사실 저는 과거 10년 동안에 세 번 정도 책을 출판할 기회가 있었습니다. 하지만 세 번 모두 원고의 탈고도 마치고, 출판사에서도 발행을 하자는 단계까지 갔었습니다만, 최종적으로는 아무래도 내용에 미진함이 느껴져 단념했었습니다.

더 이상 출판과는 인연이 없다고 생각하고 살아왔는데, 3년 정도 전에 아사출판에서 집필 의뢰를 받았습니다.

아사출판은 법정대학 사카모토 교수의 베스트셀러,《일본에서 가장 소중한 회사》시리즈를 발행한 곳으로, 사카모토 교수가 시리즈 제2권에서 저희 회사를 소개한 인연도 있고 하여, 비로소 책을 출판하기에 이르렀습니다.

사카모토 교수, 아사출판의 사토 사장에게 이 자리를 빌어 감사의 말씀을 드립니다.

이 책이 조금이라도 독자 여러분들에게 참고가 된다면 더한 기쁨이 없겠습니다.

2013년 6월 길일

요코타 히데키

차례

제2장 '사람을 키운다'는 것에 대하여

제3장 '고객만족'에 대하여

○

1

○

회사를 경영함에 있어서도 마찬가지로,
'자신들에게 있어 가장 중요한 것인가'를
항상 의식하고 행동하지 않으면 안 됩니다.
매출을 더 늘리고 싶다.
점유율을 더 높이고 싶다.
이익을 더 내고 싶다.
정말로, 그렇습니까?
우리 모두 매출이나 점유율이나 이익이
정말로 가장 중요한 것인가 아닌가에 대해
깊이 있게 생각해볼 필요가 있습니다.
많은 회사들에 있어 가장 중요한 것은,
'경영이념에 명시되어 있는 것을 실현하는 것'일 겁니다.
고객의 기쁨이나 직원들의 행복. 혹은 사회를 포함한 많은 이들이
마음으로 회사 전체를 지지, 지원하는 것.

'경영의 목적'에 대하여

앞서 예시한 매출 등의 수치는, 가장 중요한 것을 가장 중요하게
여기기 위한 도구와 같은 것이라고 저는 생각합니다.
정말로 가장 중요한 것이 무엇인지를 알고 있다면, 그것을 하면 됩니다.
그런데 우리는 결국 다르게 행동해버리곤 합니다.
이것은 회사 전체만이 아니라, 각 부문에서도 마찬가지이겠지요.
회사의 각 부문에서 '지금, 무엇이 중요한가'를 생각하면,
우선순위가 결정됩니다.
그런데 실제로 힘써 하고 있는 일은 다른 일인 경우가 많습니다.
"가장 중요한 것을 가장 중요하게 여긴다."
저 자신도 충분히 실천하지 못하고 있는지도 모릅니다.
하지만 우리회사에 있어서 가장 중요한 것은 확실합니다.
그것은 바로 '전 직원이 승리자가 된다'는 것입니다.
저는 이를 실현시키기 위해 회사의 모든 정책을 결정하고
실행하고 있습니다.

가장 소중한 것을
가장 소중하게 여긴다

"당신에게 있어 가장 소중한 것은 무엇입니까?"

이런 질문을 받을 때면, 여러분들은 뭐라고 대답하십니까?

"아무래도 가족이죠."

"건강이 제일입니다."

"제 자신이 아닐까요?"

다양한 답변이 가능할 것입니다. 그러나 이어서 이런 질문을 받는다면 어떨까요?

"자신이 가장 소중하다고 생각하는 것을, 얼마나 소중하게 여기고 계십니까? 그리고 소중한 것을 소중하게 여기기 위해 어제는 어떤 행동을 하셨습니까?"

아마도 명쾌하게 대답할 수 있는 사람이 거의 없지 않을까 생각합니다. '소중하다고 생각하면서도 구체적인 행동은 하지 않고 있구나' 하는 이들이 거의 대부분일 것입니다.

결국 대부분의 경우, 자신에게 있어 가장 중요한 것보다도, 조금 순위가 떨어지는 것을 우선시하는 경향이 있다는 것입니다. 중요한 것이 무엇인가를 알고 있어도, 그것을 실제로는 소중히 여기지 않고 있는 것입니다.

"마음속에 잊지 않고 담아두고 있으니 된 것 아닌가요?" 라는 분도 있을 겁니다. 그러나 행동으로 옮기지 않는 한 결과는 나오지 않습니다. 가장 중요한 것을 위해 최우선적으로 행동하지 않으면 안 되는 것입니다.

"가장 중요한 것은, 가장 중요한 것을, 가장 중요하게 여기는 것이다."

이것은 《성공하는 사람들의 7가지 습관》이라는 책으로 유명한 스티븐 코비의 말입니다. 제가 들은 말 중에 가장 가슴에 남는 말이었습니다.

확실히 우리 주변을 둘러보아도 '가장 중요한 것을 중요하게 여기지 않는' 경우가 많아 보입니다. 마음속으로는 '가장 소중하다'고 생각하고 있더라도, 그것을 행동으로 나타내지 않기 때문에, 객관적으로 보면 소중히 여기지 않는 것으로 보이는 것입니다.

이것은 회사를 경영함에 있어서도 마찬가지로, '자신들에게 있어 가장 중요한 것인가'를 항상 의식하고 행동하지 않으면 안 됩니다.

매출을 더 늘리고 싶다.

점유율을 더 높이고 싶다.

이익을 더 내고 싶다.

정말로, 그렇습니까?

우리 모두 매출이나 점유율이나 이익이 정말로 가장 중요한 것인가 아닌가에 대해 깊이 있게 생각해볼 필요가 있습니다.

많은 회사들에 있어 가장 중요한 것은, '경영이념에 명시되어 있는 것을 실현하는 것'일 겁니다. 고객의 기쁨이나 직원들의 행복. 혹은 사회를 포함한 많은 이들이 마음으로 회사 전체를 지지, 지원하는 것.

앞서 예시한 매출 등의 수치는, 가장 중요한 것을 가장 중요하게 여기기 위한 도구와 같은 것이라고 저는 생각합니다.

정말로 가장 중요한 것이 무엇인지를 알고 있다면, 그것을 하면 됩니다. 그런데 우리는 결국 다르게 행동해버리곤 합니다.

이것은 회사 전체만이 아니라, 각 부문에서도 마찬가지이 겠지요. 회사의 각 부문에서 '지금, 무엇이 중요한가'를 생각 하면, 우선순위가 결정됩니다. 그런데 실제로 힘써 하고 있는 일은 다른 일인 경우가 많습니다.

"가장 중요한 것을 가장 중요하게 여긴다."

저 자신도 충분히 실천 못 하고 있는지도 모릅니다.

하지만 우리회사에 있어서 가장 중요한 것은 확실합니다.

그것은 바로 '전 직원이 승리자가 된다'는 것입니다. 저는 이를 실현시키기 위해 회사의 모든 정책을 결정하고 실행하 고 있습니다.

자신의 가능성을 최대한으로
발휘할 수 있는 사람이야말로 승리자

우리회사의 중요한 목적은 '전 직원이 승리자가 된다'는 것입니다. '승리자'라는 표현 앞에 '인생의'라는 단어를 붙이는 것이 이해하기 쉬울지 모르겠습니다.

'승리자'를 '성공한 사람'이라고 바꾸어도 좋을 것입니다만, 다양한 해석이 가능한 이 '승리자'라는 표현이, 직원들에게 있어 저마다의 승리를 생각할 여지를 줄 수 있어 더 낫다고 생각합니다.

승리자라고 해도 '전 직원'이라는 표현에서 볼 수 있는 바와 같이, 누군가 패자의 위에 올라 선 승리가 아닙니다. 즉, '상대

적으로 승패를 결정할 수 있는 가치관으로 싸우지 않는다'는
의미입니다. 그러면 절대기준이 있어야 하는데, 그것은 한 사
람 한 사람의 가능성입니다.

한 사람이 한 사람이 가지고 있는 가능성을, 인생이라는 무
대에서 최대한으로 발휘할 수 있는 것. 그것을 이룬 사람이야
말로 승리자입니다.

모든 직원들에게 회사라는 무대에서 그것을 실현하도록 하
고, 회사를 그만둘 때, '이 회사에서 일할 수 있어서 정말로 좋
았다'고 생각할 수 있는 자신을 만들어가는 것. 회사란 그것을
위해 다양한 고민을 하지 않으면 안 되는 곳이라고 저는 생각
하고 있습니다.

경제로 이어지는
도덕을 추구한다

남보다 빨리 승격하고 승진했다.

연봉이 많다.

자동차 판매대수가 많다.

이것들은 상대적인 승패의 이야기입니다.

물론 판매대수는 중요합니다만, 우리회사에서는 많이 팔았다고 해서 그 사람을 엄청 칭찬하거나 하지 않습니다.

"그것만이 중요한 것이 아니다. 중요한 것은 세일즈 외에도 얼마든지 있다"고 계속해서 말하고 있습니다.

이렇게 말하면, '팔아라, 팔아라, 라고 몰아붙이지 않으면 영업력이 약해지지 않을까? 회사의 업적이 망가지는 것이 아닐까?'하고 생각하는 경영자도 있을 것입니다.

그 마음도 충분히 이해합니다.

일찍이 에도시대 말기의 사상가 니노미야 손도쿠二宮尊德는 "경제가 없는 도덕은 잠꼬대에 불과하다"고 했고, 저 또한 확실히 도덕을 계속해서 추구하기 위해서는 경제가 필요하다고 생각합니다. 경제로 이어지지 않는, 도덕만을 추구하는 것은 자원봉사이며, 그래서는 경영자로서는 실격입니다.

그러면, 어떻게 해야 할까요?

경영자는 '경제로 이어지는 도덕'을 추구하면 됩니다.

그래서 저는, 멀리 돌아가기는 합니다만, '팔아라'라고 말하지 않아도 결과적으로 팔리는 구조와 분위기를 만들자고 생각했고, 그 노력을 30년간 계속해온 것입니다.

개중에는 "저는 판매대수는 적지만, 고객은 매우 만족하고 있으니 된 것 아닙니까?"라는 영업직원도 있었습니다.

그에 대해 우리회사 간부들은 다음과 같이 대답해왔습니다.

"확실히 고객의 만족도가 높은 것은 대단해요. 하지만 판매대수가 적은 것은 커다란 문제입니다"라고.

왜냐하면, 우리들이 지향하는 것은 '가능한 많은 고객에게,

가능한 한 큰 만족을 제공하는 것'이기 때문입니다. 만족하는 고객의 수를 늘린다는 '목적'을 위해서는, 판매대수를 늘린다는 '목표'를 달성하지 않으면 안 됩니다.

소수의 고객에게 만족을 제공하는 것만으로는 우리들이 지향하는 것을 실현했다고 말할 수 없습니다. 많은 고객에게 기쁨을 드리고, 만족을 주기 위해서는 역시 차를 사고, 타보고, 팔로우하는 전 과정을 누릴 때의 기쁨을 제공하는 것이 본래의 목적이라고 생각합니다.

'많은 이들에게 만족을 제공'하는 것과 '결과를 내는' 것 사이의 밸런스가 중요한 것입니다.

결과가 아닌 프로세스야말로
평가할 가치가 있다

많은 기업이 결과만을 추구합니다.

"어쨌든 성과를 내! 결과가 모든 것을 말하는 거야"라고 분명하게 말하는 경영자가 많고, 평가되는 것은 결과의 숫자뿐인 경우가 많습니다. 결과만을 평가하면, 직원들은 당연히 결과만을 바라고 일하게 됩니다. 결국 프로세스인 고객만족 등은 그다지 의식하지 않게 되는 것입니다.

그런데 고객만족은, 자신들이 일한 보람인 직원만족과 관련이 있습니다. 고객이 만족하고, 감사와 신뢰의 말을 건넸을 때, 그것이 직원들의 만족이 되는 것입니다.

그러므로 결과만을 추구하여 고객만족도를 고려하지 않는

업무방식을 취하게 되면 자신들도 만족하지 못하고, 보람도 사라지게 됩니다.

결국 결과를 추구하면서 반대로 결과를 얻지 못하게 되는 것입니다. 결과를 원한다면, 프로세스 즉, 고객만족을 추구할 필요가 있습니다.

그런데, 고객만족은 단시간에 얻을 수 있는 것은 아닙니다. 절차와 행동, 그리고 열과 성의가 필요합니다.

최종적으로 고객에게 자동차를 팔기 위해서는, 오랜 시간을 들여 토요타자동차가 다른 차와 비교해서 어디가 얼마나 뛰어난가, 또 우리 매장에서 구입하게 되면 어떠한 애프터 팔로우after follow (상품의 유지, 사용 상황의 확인, 새로운 정보 제공과 제안을 철저히 행하는 것—옮긴이)를 기대할 수 있으며 어떠한 안도감과 만족감을 얻을 수 있는가를 조금씩 조금씩 느끼게 하면서 신뢰관계를 구축해가지 않으면 안 됩니다.

이것을 서두르면, '팔려는 욕심에 좋은 말만 늘어놓는구나' 라는 경계심을 불러일으켜서 '판매'라는 결과에서 오히려 멀어지게 되는 것입니다.

우리회사는, 자동차의 편의성, 애프터 팔로우의 세심함, 자신들의 인간성 등을 시간을 들여 상대방에게 조금씩 느끼게 함으로써 신뢰관계를 맺는 것을 중요하게 여깁니다.

　일이라고 하는 것은, 순서를 정해서 하지 않으면 좀처럼 결과가 나오지 않습니다. 그래서 중요한 것이 '프로세스'입니다.

　그 중요한 프로세스를 보지 않고 결과를 요구하면, 직원들은 고객들로부터 만족과 감사를 얻지 못할 뿐 아니라, 그로 인해 의욕과 성취감을 잃고 마침내는 결과를 내지 못하는 직원이 되는 것입니다.

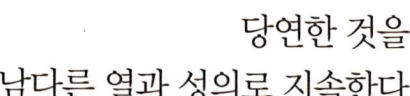

당연한 것을
남다른 열과 성의로 지속한다

실적이나 경영 환경이 악화되면 바로 등장하는 테마가 '경영혁신'입니다만, 그 대부분이 실패하는 것 같습니다. 일시적으로 좋아졌다가도 여러 가지 균열이 생기거나 해서 "결국 원상태로 돌아갔다"라는 이야기를 자주 듣습니다.

그 원인은 아무래도 이상과 현실의 갭을 빨리 메우려고 무리하기 때문이 아니겠습니까? 충분한 트레이닝도 받지 않은 채 갑자기 높은 허들을 넘으려다가 넘어지는 것과 같은 이치입니다. 단기간에 급작스럽게 바꾸려고 해도, 생각한 대로 잘되지 않습니다.

무언가를 바꾸려고 함에 있어서 중요한 것은, 맨 먼저 자신들의 이상과 나아가야 할 방향을 정하는 것입니다.

그리고 그 이상과 현실의 갭을 명확히 인식하는 것입니다.

그 위에서 시간을 들여, 납득이 갈 때까지 이상과 현실의 간격을 조금씩 조금씩 좁혀가다 보면, 언젠가는 자신들이 아래에서 까마득하게 올려다보았던 이상에 도달하게 되는 것이겠지요.

고객만족도가 높다는 평가를 받고 있는 우리회사의 서비스는, 당연한 것을 남다른 열과 성의로 지속하는 것입니다. 여기서 중요한 것은 열과 성의를 다하는 것이고, 지속적으로 하는 것입니다.

그것이야말로, '가장 중요한 것을, 매일매일, 가장 중요하게, 그것도 계속적으로 할 수 있는가, 없는가'를 가늠합니다. 앞으로도 발전을 계속해나가기 위해서는, 이 태도를 잊지 않는 것이 가장 중요하다고 생각하고 있습니다.

그리고 왜 우리들이 열과 성의로 지속할 수 있었느냐 하면, 일하는 사람의 보람을 기본으로 한 경영이야 말로 향후에도 살아남는 경영이라고 믿기 때문입니다. 보람이 있으면 '열과 성의'로 '지속'할 수 있습니다. 사람은 누구나 인간력 human power (실력+매력, 인성과 역량을 함께 표현한 말로, 한 사람이 다른 사람에게 미치는 포

괄적인 영향력 정도로 이해할 수 있다—옮긴이)을 발휘하여 보다 인간답게 일하면 보람을 느낄 수 있습니다. 보람이 있으면 스포츠나 취미생활, 놀이를 할 때처럼 '해보자', '하고 싶다'는 마음이 저절로 끓어오릅니다.

　그런데 근대에 발달한 매니지먼트, 즉 '경영'이라는 것에 의해, 우리들은 어느 샌가 '외부로부터의 강한 동기 부여'에 의해 행동하고 일하게 되어버렸습니다. 외부로부터의 동기 부여란, 급여나 상여, 승급, 성과급이나 표창 등의 인센티브, 질책이나 신상필벌, 인사고과나 칭찬, 매뉴얼이나 시스템, 목표달성과 실패 등으로 구성된 것으로, 이러한 외적 동기 부여에 자주 노출되면 사람은 알게 모르게 로봇과 같은 상태가 되어버립니다.

　인간의 보람을 기본으로 한 경영을 하기 위해서는, 직원들이 일 그 자체에서 기쁨을 발견하고 본래 가지고 있는 개개인의 능력을 충분히 발휘하여, 자기 자신은 물론 회사까지 성장시키는 시스템과 조직을 만들겠다는 의지를 염두에 두지 않으면 안 됩니다. 넷츠토요타난고쿠는 30년 가까이 그러한 조직 만들기에 도전해왔습니다.

'전 직원이 인생의 승리자가 된다.'

이것이 우리들의 변함없는 이념이며, 가장 중요하게 여기는 것입니다.

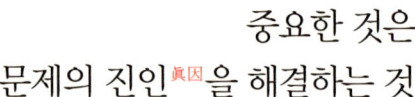

중요한 것은
문제의 진인(眞因)을 해결하는 것

우리회사에서는, '문제해결 어프로치'라는 콘셉트를 중요하게 여깁니다.

그것이 무엇인가를 보여주는 좋은 사례가 문제해결 기법으로 유명한 토요타자동차에 있습니다.

토요타 공장에서, 어느 기계가 움직이지 않아 조사해보니, 기계에 과부하가 걸려 퓨즈가 끊어졌음을 알게 되었습니다. 퓨즈를 교환하면 기계는 다시 움직이기 시작합니다. 그러나 퓨즈가 끊긴 과부하의 원인을 찾지 않으면 교환한 퓨즈도 이내 다시 끊어져버리겠지요.

그래서 담당자가 기계를 조사해보니, 퓨즈가 끊긴 것은, 어느 조건에서 작동부의 저항이 커져 대전류가 흘렀기 때문임을 알았습니다. 나아가 작동부의 저항이 커진 원인을 조사해 보니, 작동부의 축수(베어링) 윤활유가 부족한 것임을 알았습니다. 담당자는 그것에도 만족하지 않고, 더 파고 들어가 윤활유가 부족해진 원인을 찾아보니, 유압펌프가 고장 났음을 알게 되었습니다.

이렇게 해서, 직접적인 고장 부위와는 상당히 떨어진 곳에 있는 근본적인 원인을 발견한 것입니다. 그는 즉시 유압펌프를 교체함과 동시에 일상점검 항목에 유압펌프의 고장 여부를 확인하도록 추가하였습니다. 이처럼 근본적인 원인을 찾아 제거하는 것이 '문제해결'입니다.

많은 경우, 퓨즈를 교환하는 것으로 일단락 짓고 있지는 않습니까? 하지만 그것은 문제해결이 아닙니다. 그러한 현상에 대한 표면적인 대응은 '문제조치'라고 부릅니다.

자동차 딜러로 말하자면, 광고전단지, 할인판매, 구걸형 판매, 밤낮으로 대응하기 등의 영업 세일즈가 바로 문제조치입니다.

문제조치는 '목표로 한 매출이 달성되지 못할 것 같다'는 결과에 치중한 생각에서 비롯된 행동으로, 어떤 문제가 발생했을 때 즉시 효과가 나타납니다. 때문에 문제조치도 경우에 따라서는 물론 필요합니다만, 그것은 어디까지나 임시방편에 불과합니다.

한편, 문제해결 어프로치란, 문제조치에 머무는 것이 아니라 근본적인 원인을 제거하는 것을 말합니다.

따라서 문제해결의 경우에는, 문제의 진짜 원인, 즉 근본 원인을 특정할 필요가 있습니다. 그러나 많은 경우, 유압펌프와 같이 진짜 원인은 좀처럼 보이지 않는 곳이나 대수롭지 않게 여겼던 곳, 무언가 그늘에 가려진 곳에 있기 때문에, 조사하는 데 시간과 노력이 듭니다. 그렇게 근본 원인을 제거했어도 결과가 나오기까지는 또 어느 정도 시간이 필요합니다.

이처럼 문제해결에는 많은 노력과 시간이 필요하기 때문에 사람들은 우선, '문제조치'를 선택하는 것일지도 모릅니다. 그러나 수고와 시간, 그리고 지혜가 필요하다는 것이야말로, 반대로 '문제해결 어프로치'가 그만큼 커다란 효과를 낼 수 있다는 뜻이기도 합니다.

스스로 문제를 발견하고
스스로 해결한다

문제해결 과정은 상사에게 있어 인내를 요하는 시간이기도 합니다. 예를 들면, 제가 어느 날 쇼룸의 전등 하나가 수명이 다한 것을 보았다고 합시다.

"여기 전구가 나갔네. 누가 교환 좀 해주세요."

그렇게 지시를 하면 바로 결과가 보이고, 작은 만족을 얻을 수 있을지도 모릅니다. 그러나 그래서는 '왜 꺼진 전등이 그대로 방치되어 있는가'라는 문제해결로는 나아갈 수 없습니다.

"지금부터 매일, 불 꺼진 전등이 있는지 점검하세요."

이렇게 지시의 범위를 확대해도, 문제해결은 되지 않습니다.

전구가 아닌 다른 부분에서 같은 현상이 벌어졌을 때는 그것을 도외시할 가능성이 있기 때문입니다.

저는 전등이 나간 것을 보아도 직원들에게 아무런 지시도 하지 않습니다. 다만 그것을 마음속에 담아둘 뿐입니다. 직원들이 스스로 알아채고 서로 이야기해서 문제를 해결해줄 것을 진득하게 기다리는 것입니다.

알아챌 때까지 아무것도 모르는 얼굴을 하고 있는 동안, 저는 '우리 직원들은 왜 저걸 알아채지 못할까'라는 생각을 합니다. 그런 생각을 하면서 진짜 원인을 찾게 되는 것입니다.

'쇼룸의 담당자가 아닌 나에게 보이는 것이 하루 종일 거기서 일하는 사람들에게는 왜 보이지 않는 것일까? 자신들의 직장임에도 전등이 나간 것을 알지 못한다는 것은, 의식하지 못하기 (문제의식이 부족하기) 때문일지도 모른다. 여기는 내 직장, 이곳을 완벽하게 하는 것이 내 일이라는 생각을 하지 않기 때문일지도 모른다.'

아주 작은 부분에서부터 어떤 문제가 존재하고 있는가를 탐색하는 것입니다.

만약 어느 정도 기다려도 움직임이 없으면, 직원들이 전등이 나간 것을 깨달을 수 있는 계기를 만듭니다.

"전등이 나갔어!"라고 하면 가르치는 것이 되므로, 스스로 알아채도록 예를 들면, "쇼룸이 어딘가 좀 어둡지 않아?"라는 식으로 힌트를 주거나 합니다. 어디까지나 직원들 스스로가 인지하도록 하는 것을 중시하는 것입니다.

또 하나의 방법으로는, 말없이 제가 전구를 교환하는 방법도 있습니다. 쇼룸의 담당자가 아닌 제가 움직임으로써 '아, 나는 미처 몰랐구나!' 하고 깨닫게 하는 것이지요.

일반적으로는, "전등이 나갔잖아, 좀 더 센스 있는 사람이 될 수 없어?"라는 식으로 말하기 쉽습니다만, 이런 식으로는 스스로 문제를 발견하고, 문제를 해결하는 사람으로 육성되지 않습니다.

다른 말로 하자면, 그 이유는 상대를 바꾸려고 하기 때문입니다. 그러나 타인은 바꿀 수 없습니다. 바꿀 수 있는 것은 자신과 미래, 바꿀 수 없는 것은 타인과 과거이므로, 타인을 바꾸려는 불가능한 일을 하는 것이 아니라, 스스로 깨닫고, 스스로 자신을 바꾸어갈 수 있는 계기를 만들어주는 것입니다.

제 자신이 전구를 교환하면, 그것을 본 직원들이 '나간 전구를 상사가 바꾸도록 내버려두면 안 되겠구나' 하고 생각하겠지요. 그러면 그 사람은 상사보다 먼저 전등이 나갔는지를 인지하기 위해, 자신을 바꾸려고 할지도 모릅니다.

본인이, 스스로, 자신을 바꾸려고 하는 것이 중요합니다.

답답한 소리 하고 있다고 느끼는 분도 있을지 모르겠습니다.

그러나 가장 중요한 것은 그들이 스스로 문제를 발견하고, 스스로 그 해결 방법을 생각하는 프로세스입니다. 제가 지시해버리면, 중요한 프로세스를 빼앗는 격이 됩니다. 상명하달로 지시, 명령을 해서 직원을 통제하다 보면, 문제가 생길 때마다 지시를 하지 않으면 안 되는 조직이 되어버립니다.

그리고 더 심각한 것은, 상사가 미처 보지 못한 문제들은 그대로 방치된다는 것입니다. 전구 등은 대수롭지 않다고도 할 수 있겠습니다만, 그 작은 것을 생각하고 깨닫는 습관이 직원들의 성장으로 이어진다고 저는 생각합니다.

목표보다
목적이 중요하다

목적과 목표는 완전히 다른 말입니다.

지금 여기, '고생한 어머니를 편안히 모셔야 겠다'고 생각한 젊은이가 있다고 합시다.

'어머니에게 경제적으로 윤택함을 주기 위해서는 안정된, 높은 수입을 얻는 직업을 갖지 않으면 안 된다. 그러기 위해서는 좋은 학교를 가서, 큰 회사에 들어가서 좋은 연봉을 받고……'라는 생각을 했습니다.

이 경우, '목적'은 효도를 한다는 것이고, 높은 수입을 얻는 것이나 좋은 학교를 가는 것, 그리고 큰 회사에 들어가는 것은 모두 '목표'에 불과합니다.

'어머니를 편히 모시는' 방법은 사실 이 외에도 얼마든지 많이 있습니다. 고등학교를 졸업하고 장사를 하는 방법도 있고, 솜씨 좋은 요리사가 되는 등의 전문적인 기술을 몸에 익히는 길도 있습니다. 결국 목적을 달성하기 위한 방법론이 목표이고, 그 방법은 하나가 아니라는 것입니다.

마찬가지로, 회사의 목적은 매출이나 이익이 아닙니다. 이익이나 매출은 목표입니다. 회사의 목적은 '직원들을 행복하게 한다'와 같이 그렇게 되고 싶다, 그러한 존재이고 싶다는 바램의 표현입니다. 회사는 매출이나 이익 등의 목표가 아니라 그 목적을 소중히 여기지 않으면 안 됩니다.

여기서 한 번 더, 목적과 목표의 차이를 명확하게 해둡시다.

목적은 장기적인 것으로, 잘 안 보이고, 이타적인 지향성을 가지며, 생각하는 힘과 관계되는 것입니다. 그에 대해 목표는 단기적인 것으로, 가시적이며, 이기적인 요소가 강하고, 지식이나 스킬과 관계되는 것입니다.

다른 관점에서 보면, 목적이란 방향(벡터)을 말합니다. '조직의 벡터 통일', '직원들이 같은 방향을 바라보게 되었다'와 같이 자주 말하지요. 이에 비해 목표는 거리를 말합니다. '이달의 매출목표' 등이 그 전형으로, 얼마나 갈 것이냐를 말하지요. 정리하면 다음과 같습니다.

목적＝방향 : 의지, 꿈, 마음, 생각 등. 질. (경영이념)
목표＝거리 : 구체적인 실천사항, 수치 등. 양.

그리고 여기서 더욱 중요한 것은 목표가 아니라, 목적입니다.

제가 이렇게 말하면, 많은 분들이 "목적이 중요하다는 것은 알겠는데, 지금은 매출이나 이익을 조금이라도 더 늘리기 위해 노력하지 않으면 회사는 망한다"고 말합니다.

거의 대부분의 회사가, 이렇게 매출이나 이익목표만을 내세우고, 그 목표를 향해 직원들이 달려갈 것을 요구하고 있습니다.

그러나 한번 생각해보시죠.

회사의 경우, 왜 매출이 오르지 않는지, 왜 이익이 나지 않는지를 파고들어보면, '직원들이 마지못해 일을 하고 있기 때문'이 원인인 경우가 너무도 많습니다. 왜 의욕 없이 마지못해 일을 하고 있는가? 그것은 그들이 월급을 위해 일하고 있기 때문입니다. 월급을 받는다는 목표를 위해 일해서는, 일에 대한 열정이 생길 리가 없습니다. 마지못해, 억지로, 시키는 일만을 할 뿐입니다. 그렇게 해서 성과가 올라갈 턱이 없습니다.

반면, 그들이 일하는 '목적'을 가지면 어떠한 현상이 벌어질까요? 일하는 목적이란, 일을 통해서 자신을 성장시킨다, 주변으로부터 인정 받고 신뢰가 쌓인다, 사회나 사람들에게 필요한 존재가 된다는 것이겠지요. 이들 목적을 위해서라면, 사람들은 의욕을 가지고, 기쁘게, 미련 없이 일을 합니다.

따라서 경영자는 전 직원이 '자신은 무엇을 위해 일하는가?' 라는 목적을 가지고, '이 회사에서 최선을 다해 일하는 것이 최고다'라고 생각할 수 있는 회사를 만들면 되는 것입니다. 말하자면, 일을 즐기는, 일하는 것이 즐거운 집단을 만든다는 것이지요.

여기서 중요한 것은, 개인이나 회사나 목표가 아니라 목적을 중요하게 여기지 않으면 안 된다는 것입니다. 경영자는 매출이나 이익 등의 목표를 뒤로 돌리는 것에 불안감을 느낄지도 모릅니다. 그러나 실제로는 목적을 강하게 의식한다고 해서, 목표를 나 몰라라 하는 경우는 거의 없습니다. 목적을 위해 100을 하면, 목표는 80이라도 좋아지는 법입니다. 그 목표를 80, 70, 60으로 비중을 점점 줄여가면, 목적의 비중이 높아져서 직원들이 행복해지고, 조직이 활성화되며, 그 기업은 영속하게 됩니다. 따라서 목표를 위해서가 아닌 목적을 이루기 위해 개인도 회사도 노력해야 함은 당연한 이치가 되는 것이라고 저는 생각합니다.

왜 양을 추구하게 되는가?

　'전 직원이 인생의 승리자가 된다'라고 할 때, 저는 '양과 질'에 관해서 이리저리 고민해보았습니다.

　예전에 유럽에 경영자 연수를 갔을 때의 일입니다.

　중소기업이든, 대기업이든, 유럽으로 연수를 갈 정도 되는 사람은 일본에서는 톱클래스의 경영자라고 말할 수 있을 것입니다. 그런데 그런 경영자들과, 300년 넘게 지속돼온 유럽의 한 기업을 방문했을 때 그들의 공통적인 질문은, "왜 회사를 더 크게 키우지 않습니까?"라는 것이었습니다.

　"300년 기업이라고는 하지만 작은 회사잖아"라고 규모만으로 좋고 나쁨을 판단하는 경영자도 있었습니다.

그러나 그것은 틀린 말이 아닌가 하는 생각이 들었습니다. 그렇게 일본의 경영자들이 '양'을 중시하고 있음에 반해, 유럽의 경영자들은 '질'을 생각하고 있는 것입니다. 질을 중시했기 때문에 300년이라는 긴 시간의 벽을 넘어 존속할 수 있었다는 사실의 무게를 이해하지 못하고, 직원수나 매출액 등의 양에만 눈길을 주는 모습은 참으로 안타까웠습니다.

'왜 회사의 규모를 키우지 않는가?'라는 질문의 배경에는, '그만큼 좋은 제품이라면, 더 많이 만들어 팔면 될 것이 아닌가?'라는 생각이 깔려 있겠지요.

그러나 300년 동안 존속해온 기업은 이렇게 생각하고 있는 것입니다.

'공연히 양을 확대하면, 다른 사람의 시장을 잠식하게 된다. 그러면 다른 사람이 가격을 내려야 한다. 그렇게 되면 우리도 가격을 내리지 않으면 안 되게 된다. 그러는 동안에 전체의 질이 떨어진다. 그 결과 전체의 양도 줄어든다. 누구도 이득을 볼 일이 없다.'

즉, 흔히 보는 주유소의 가격인하 경쟁과 같이 결국 모든 대가를 자신들이 치르게 되는 것입니다.

사실 저는 대부분의 경영자들이 이것을 알고 있다고 생각합니다. 일본에서도 과거부터 양보다 질이 중요하다고 해왔었고, '질을 좋게 하다 보면, 양이 따라온다'는 말도 많이 있었습니다. 당연한 것입니다.

그러나 질을 좋게 하더라도 무언가가 결여되어 있다면 양이 따라주지 않는 경우도 있습니다. 역으로, 질이 나쁜데도 양으로는 엄청나게 팔리는 것처럼 보이는 것도 있습니다.

혼란스러운 상황이 얼마든지 많기 때문에, 본래의 '질을 좋게 하다 보면, 양이 따라온다'라는 가장 올바른 방식을 잊어버리게 되는 것이겠지요. 이것도 무리는 아닐지도 모릅니다.

고도성장기 이후의 일본의 경영자들은 항상 양을 중시하는 세계에서 살았기 때문에, 양이 없으면 안심이 안 되는 것이지요. 확실히, 수요가 공급을 웃돌던 시기에는 양만을 추구해도 되었습니다.

그러나……, 그런 시대는 이제 두번 다시 오지 않을 것입니다.

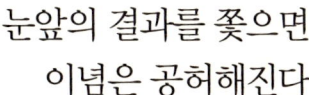

눈앞의 결과를 쫓으면
이념은 공허해진다

'장차 좋은 결과를 얻기 위해 지금 엄청난 노력을 하기'보다는, '지금 바로 좋은 결과를 내는 데 가능한 노력을 한다'는 풍조가 강해졌다는 생각이 듭니다.

어쨌든 이번 달,

하여튼 다음 달,

일단은 올해.

장시간의 결과와 거리가 있는 중요한 일들은 뒤로 밀리고, 눈앞의 매출이 최우선이 됩니다. 물론, 매출은 중요합니다. 매출이 없으면, 회사는 없어지니까요. 그러나 그 한편으로, '고객만족을 생각한다면, 지금 이렇게 하지 않으면 안 된다'는 앞날을 내다보는 생각과 행동도 중요한 것입니다.

세상에는 고객만족을 표방하고 있는 기업들로 넘쳐납니다.
그러나 대부분의 기업의 경영회의 석상에서 "고객으로부터
이런 말을 들었다"는 이야기가 의제로 오르는 경우는 거의 없
습니다.

"어제 이런 일이 있었는데, 이건 회사의 이념에 반하는 것
이 아닌가?" 혹은 "경영이념과 상반되는 일을 했다가 이런 사
태가 발생한 것이 아닌가?" 하는 이야기는 없고, 숫자 이야
기, 영업상의 절충과 관련된 이야기만 하곤 합니다.

원래는, "이런 경우에는 이렇게 해야만 하는 것이 아닐까?
어떻게 생각해?"라고 했을 때, 직원이 "우리회사의 이념은 이
러이러하니까 이렇게 했어야 한다고 생각합니다"라는 이야기
가 상사와 직원간에 오가는 것이 이상적이겠지요.

"고객만족이 중요하다"고 이야기하면서, 실제 업무에서는
"이게 더 중요하잖아"라며 상사가 오히려 매출이나 이익을
중시하는 방향으로 유도하는 경우도 많다고 생각합니다.

결국, 일상 업무 가운데 경영이념이 침투해 있지 못하고,
액자 속에나 있는 것입니다.

이달의 매출목표, 다음 달의 이익목표는 확실히 중요합니다.

다만 그 '목적'을 추구하는 과정에서 '목표'가 달성되는 것이므로, 돌아가는 길인 듯 보이지만, 저 멀리 있는 '목적'에 맞는 언행을 지속하는 것이 중요한 것이 아닐런지요.

저는, 말로 그럴듯하게 경영이념을 만들어도 좀처럼 직원들에게 와닿지 않는다고 생각합니다. 오히려 반대로 자신들이 행동해왔던 것을 명문화한 것이 경영이념이 되는 것이 이상적이지 않을까요?

사람을 움직이게 할 수 없는
경영이념은 가짜

'경영이념'은 '경영철학'이어야 한다고 저는 생각합니다.

그렇지 않으면, 높은 목표를 세우거나, 어려운 개선활동을 추진할 때 믿고 의지할 만한 정신적 지주가 없는 것이니까요.

"목적을 실현하기 위해 노력하자!"

어려울 때 그렇게 말할 수 있는, '황제의 깃발'과도 같은 대의명분이 바로 경영이념인 것입니다.

저는 경영이념이, 누군가가 언급한 불후불멸의 금언과 같은 것이 아니라, 이념을 행사하는 사람들의 강한 사명감과 올바른 가치관에 의해 숙성되어 가는 것이라고 생각합니다.

완성도가 높은 경영이념을 구축하기 위해서는, '무엇을 위해 이것을 하는가?'와 같은 기업의 사명(목적)을 명확하게 해둘 필요가 있습니다. 이것이 불분명한 경영이념은, 일하는 사람들의 공감을 얻기가 어렵고, 자칫하면 단순한 '구두선口頭禪'에 불과한 취급을 받을 것입니다. '무엇을 위해 하는가?'가 명확하게 표현되어 있는 것이 아니라면, 경영이념이라고 할 수 없습니다.

제대로 된 경영이념은 사람을 움직이게 하는 힘을 가지고 있습니다. 이념은 사람을 내부로부터 동기 부여하는 것이 아니면 안 됩니다. '그 이념에 의해 사람이 움직이고, 조직이 구동되어 사회 속에서 부여된 역할을 다한다.' 그것이 경영이념의 힘입니다.

만약, 경영이념이 직원들에게 있어, 단순히 액자 속에 장식되어 있는 좋은 말에 불과한 것으로 여겨진다면, 제대로 된 경영이념을 다시 만들어보는 용기를 내보시기를 권유합니다.

전 직원이
스스로 생각하고 발언한다

경영이념이 기업의 존재 이유나 중요하게 여기는 가치관 등 경영의 원점과 같은 것이라면, 경영비전은 '무엇을 하고 싶은가', '장차 어떤 모습이 되고자 하는가'에 대한 좀더 구체적인 표현이라고 저는 생각합니다.

앞에서 밝힌 바와 같이, 우리회사의 모든 직원이 인생의 승리자로 살아갈 수 있도록 기회와 장을 마련해주자라는 경영이념을 뒷받침해주는 실천방안이라고 할 수 있겠습니다.

여기서 우리회사의 경영비전에 대해 설명하고자 합니다. 그것은 다음의 세 가지입니다.

1. 진정한 고객서비스를 창조하고 실천한다.
2. '생각한다-발언한다-행동한다-반성한다'는 참여 프로세스를 중시하여, 직원의 성장과 자기실현의 기회를 높인다.
3. 고객과 협력업체, 지역사회와의 발전적인 관계 구축을 위한 학습을 거듭하여, 독자성과 주체성을 발휘한다.

첫째, 진정한 고객서비스란 우리가 자동차를 한 대 파는 것으로 끝나는 것이 아니라, '토탈 라이프 컨설턴트'라는 가치를 제공하는 것을 의미합니다.

다른 회사와 달리 우리가 '진정한 고객서비스'를 위해 노력하는 이유는, 직원만족을 통해 '전 직원이 승리자가 된다'는 것을 이루기 위해서일 뿐입니다.

몇 번이나 강조하는 바와 같이, 직원만족을 위해 고객만족을 실천하는 것이지, 고객만족을 위해 직원만족을 실천하는 것이 아닙니다. 구체적인 서비스 내용에 관해서는 나중에 소개해드리겠습니다.

둘째, '생각한다-발언한다-행동한다-반성한다'는 프로세스는 인간적 성장을 촉진하는 사이클로서, 우리는 '성장의 4원칙'이라고 부르고 있습니다.

제가 '스스로 생각하는' 것의 중요성을 깨닫게 된 것은, 저 자신이 신입직원 채용의 제1선에 있었을 때의 일입니다. 그 때 학생들에게, "어떤 일을 하고 싶나요?"라고 물었는데, 가장 많은 답변이 바로 '기획하는 일'이었습니다. 이것은 결국, 자신의 머리를 쓰는 일을 하고 싶다는 것입니다. 원래 인간은 스스로 생각하고, 그 생각대로 하고 싶어 하는 존재라는 것을 저는 그들로부터 배운 것입니다.

'어떻게 하면 스스로 생각할 기회를 제공할 것인가?'

그 대답이 바로 '발언한다'는 것입니다.

우리회사의 주요 회의에는 신입직원도 참여하여 발언합니다. 회의 장소에 앉아 있다는 의미에서의 참가가 아니라, 의사결정에 동참한다는 의미에서의 참여입니다.

'신입직원이 회의에서 발언하는 것도 쉽지 않은 일이고, 외려 회의 진행에 방해만 되는 것이 아닌가'라고 생각하실지 모르겠습니다. 그러나 우리회사에서는 직원들이 발언하는 것을 우선하며, 이상한 말이나 틀린 말을 해도 문제 삼지 않는 것을 원칙으로 합니다.

다른 참여자도 신입직원이 말도 안 되는 소리를 한다는 이유로 안색을 붉히거나 하는 사람은 없습니다. 오히려 후배의 잘못된 발언은, '왜 저 친구는 저런 말을 하는 것일까?'하는 선배들의 과제가 되기 때문에 더욱 더 의미가 있습니다.

스스로 발언하였다면, 다음은 '행동한다'입니다. 우리회사는 많은 이벤트를 개최하는 것으로 유명합니다만, 고객만족이나 매출 증대를 위해서 이벤트를 개최하는 것이 아닙니다. 가장 큰 목적은 직원들이 스스로 행동할 수 있는 장을 제공하는 것입니다.

'백문불여일견百聞不如一見'이라고 합니다만, 단순히 관찰하기보다는 스스로 체험해보는 편이 배움이 큰 법입니다. 따라서 우선은 해보고, 체험할 기회를 줍니다. 그것도 과거에 해본 적이 없는 것에 대한 도전을 장려하고, 안 되는 이유는 생각하지 않습니다.

행동한 뒤에는 '반성한다'입니다만, 도전을 촉진하기 위해, 상사는 부하직원의 실패를 타박하지 않습니다. 그러나 부하직원의 반성이 부족하다고 생각한다면 상사는 그 원인을 깊이 고민하고 원인을 제거하려고 노력합니다. 경험한 것을 반복하면 당연히 실수는 적어집니다만, 반대로 반성할 기회도 적어집니다. 바꾸어 말하자면, 새로운 도전을 장려하려는 의도는,

'반성할' 기회를 늘려주기 위해서입니다. 반성할 기회가 늘어나면, 새롭게 생각할 것도 그만큼 늘어나겠지요.

회사에서 업무하는 가운데 이 성장 사이클을 반복하게 되면, 직원의 성장과 자기실현의 기회가 늘어나고 마침내 경영이념에서 언급한 '승리자'에 가까워지게 되는 것입니다.

우리회사의 경영비전의 마지막 항목은, '고객과 협력업체, 지역사회와의 발전적인 관계 구축을 위한 학습을 거듭하여, 독자성과 주체성을 발휘한다'입니다.

'유명 브랜드에 종속된 자동차 딜러에게, 독자성이나 주체성을 발휘할 여지는 있는가?'라는 의문을 가지는 분들도 계시리라 생각합니다.

이에 관해서는, 같은 브랜드에 종속된 딜러라 하더라도, 실적에 커다란 차이가 난다는 것을 생각해보면, 독자성과 주체성의 필요성은 쉽게 이해가 되시리라 생각합니다. 오히려 딜러이기 때문에 주체적으로 지역민들과의 교류를 쌓고, 독자적인 판매방법이나 서비스 등을 제공함으로써 발전적인 관계를 맺는 것이 중요한 것이 아닐까요?

'매력 있는 매장'은
경기에 흔들리지 않는다

차를 많이 팔고 싶어 하는 딜러회사들이 취하는 상투적인
전략은 다점포 전개입니다. 왜 다수의 매장을 만들 필요가 있
는가 하면, 먼 거리에 살고 있는 고객은 찾아주지 않기 때문
입니다.

그러나 저는, 매장을 많이 만들면 된다는 것은 앞서 말한
눈앞의 결과를 쫓는 안이한 대처에 불과하다고 생각합니다.

'왜 먼 거리에 살고 있는 고객이 찾아주지 않는가?'

이유는 간단합니다. 매장에 매력이 없기 때문입니다. 다른 딜
러숍과 구별되는 차이가 없고, 고객으로 하여금 '가고 싶다'는
생각이 드는 요소가 없기 때문입니다. 고객을 끌어들이는 매

력이 있다면, 멀리서라도 찾아올 것입니다.

그런데, 매력 있는 매장 만들기는 그리 간단한 일이 아닙니다. 하물며 동시에 여러 개의 매력적인 매장을 만드는 것은 자금이나 인재를 활용하는 데 제약이 있는 중소기업으로서는 대단히 어려운 일입니다.

결국, 안이하게 다점포 전개를 하느라 바쁘면, 그 기업만의 독특한 매력을 만들 수 없게 됩니다. 많은 돈과 시간을 들여 만든 매력이 없는 매장은 그 개수가 아무리 많다 해도 먼 거리에 사는 고객은 물론 근처에 사는 고객들도 찾지 않게 됩니다. 결국 고정비만 늘어나고, 집객의 효과를 누리기는커녕 회사의 역량을 소모하는 결과가 되곤 하는 것입니다.

생각컨대 중소기업은 하나의 거점에 역량을 집중해서, 달리 찾아볼 수 없는 탁월한 서비스를 제공하는 것에 집중하는 것이 더 좋지 않을까요? 그렇게 하면, 예를 들어 단 하나의 매장일지라도, 여러 매장을 합친 것보다 나은 성과를 얻을 수 있을 것입니다.

다점포 전개 그 자체를 부정하려는 것은 아닙니다만, 매장을 늘리기 전에, '멀리서라도 고객들이 수고로움을 무릅쓰고

찾아줄 정도로 고객의 사랑을 듬뿍 받는 존재가 되자!' 이러
한 노력을 게을리 하지 않는 매장이 매력 있는 매장이며, 경
기에 흔들리지 않는 매장이라고 생각합니다.

직원들에게
사랑 받는 기업을 꿈꾼다

고객에게 사랑 받는 매장과 회사는, 직원들로부터도 사랑
받는 매장과 회사입니다. 그 지표의 하나가, 이직률이겠지요.

우리회사도 창업 당시에는, 다른 자동차 딜러회사와 마찬가
지로 이직률이 높은 편이었습니다. 그러나 십수 년 전부터 전
국평균을 크게 밑돌게 되었고, 현재의 이직율은 연간 2퍼센트
정도입니다.

이것은 자동차 딜러 업계에서는 이례적으로 낮은 수치입니다.

이직의 내용을 들여다보아도, '우수한 직원일수록 그만두지
않는다'는 특징이 있습니다. 그 이유로는, 직원만족을 목적으
로 하는 경영이념과 방식이 근저에 있고, 직원들이 이 회사를

'자신이 성장할 수 있는 장'으로 인식하고 있기 때문이라고
생각합니다.

　직원만족경영이 정착하는 과정에서, 직원들에게 여러 가지
변화가 보입니다. 예를 들면 직원 여행이 그것입니다.
　여러분 회사에서는 직원 여행을 실시하고 있습니까? 모두
들 싫어해서 하지 않는 경우는 없습니까? 하고 있다 하더라
도, 내심 억지로 참가하는 직원들이 많지는 않습니까?
　사실 우리회사도, 직원만족경영이 아직 충분히 성숙되기 전
에는 참여하기 싫어하는 직원들도 적잖이 있었습니다.
　그러나 지금은 다릅니다. 모두들 적극적으로 참여하고, 여
행지에서 벌어지는 연회에서는 부서의 벽을 넘어선 논의가 활
발하게 펼쳐집니다. 놀기 위한 여행을 떠나서도 모두들 일 얘
기를 하고 싶은가 봅니다. 무엇을 하고 있든 회사 생각이 머릿
속에서 떠나지 않는다……, 이 또한 직원들이 회사를 사랑하
고 있다는 증거가 아니겠습니까?

○

2

○

'기업은 무엇을 위해 존재하는가' 하는 질문에 대한
저의 생각이 무엇이냐 하면, 첫째가 직원들과 그 가족의 행복을 위해,
그 다음이 고객, 비즈니스 파트너의 행복을 위해서입니다.
그 사람들을 소중히 대하고자 해도, 적자인 상태에서는
아무것도 할 수 없기 때문에, 실적을 올리지 않으면 안 됩니다.
그래서 회사는 계속해서 이익을 내지 않으면 안 됩니다.
그러나 이 진의를 정말로 이해하고 행동하는 것은
대단히 어려운 일입니다.
제가 '직원과 그 가족의 행복이 제일'이라고 하면,
"그렇군요. 그러면 직원들을 위해 무엇을 하면 좋습니까?"하고
물어오는 경영자는 매우 많습니다.
그리고 그 대부분의 사람들이 착각을 합니다.
대개의 경영자들은 '직원들을 제일로 여기고, 그 다음에 고객,
그리고 실적을 세 번째로 중요하게 여기자는 생각으로 경영을 하면,
실적이 올라갈 것'이라고 생각하는 것입니다.

'사람을 키운다'는 것에 대하여

결국 그 경영자가 가장 중요하게 생각하는 것은,
바로 '실적'이라는 말이 됩니다.
결국, '직원을 중요하게 여긴다'는 것이 수단이 되어버리고,
'실적을 올리고 싶으니까, 직원들을 가장 중요하게 여기자'고
생각하는 것입니다.
'실적을 올리는 수단으로써, 직원을 소중히 대하자'는 것이라면,
그 경영자는 '실적 제일'이라는 생각에서 단 한 걸음도
빠져 나오지 못한 것과 같습니다.
그런데 이것을 모릅니다.
이야기를 나누다 보면 대개가 그렇습니다.
좋은 회사를 만들기 위해서라면, 진심으로 '직원들을 소중히 여기자'고
생각하지 않으면 안 됩니다. '직원들과 그 가족을 행복하게 만든다'는 것이
목적이고, 실적이 그를 위한 목표가 되지 않으면 안 됩니다.
그 반대가 아닌 것입니다. 그런데 많은 경영자들은,
일상의 언행에서 그 순서를 곧잘 반대로 하고 있습니다.

교육은 중요하다,
하지만 채용은 더 중요하다

직원을 교육하는 일은 대단히 중요합니다. 그러나 그보다 더 중요한 것은 '채용'이라고 저는 생각합니다. 이것은 회사 창업 당시부터 가지고 있는 기본적인 생각이기도 합니다.

항상, 자신들 개인 역량의 합계 이상의 인간집단을 만들고자 하는 노력이 보다 좋은 회사를 만듭니다. 자신들의 역량 이상의 인간집단을 만들려면, 가능한 한 좋은 인재를, 그것도 좋은 신입직원을 채용해서 하나하나 가르칠 필요가 있다고 저는 생각합니다. 그래서 우리회사는 우선 신입직원의 채용 기준을 높이는 것에서 시작했습니다.

저는 창업한 후 처음 10년간, 채용의 제1선에 서서, 사용 가능한 시간의 절반 이상을 인재 확보에 할애했습니다. 그러나 취직을 앞둔 학생들에게 있어, 자동차 딜러는 인기 없는 직업이었고, 우리회사에 취직을 희망하는 학생은 거의 없었습니다. 강제적인 영업목표 할당과 가혹한 평가라는 꼬리표와 함께 업계 전체의 이미지가 좋지 않았기 때문입니다.

그것을 느끼게 된 것은, 처음 참가한 저희 관할지역 내 코우치현 합동 기업설명회에서였습니다. 좋은 인재를 채용하려는 꿈에 부풀어 있던 저는, 팸플릿에 다음과 같은 문구를 넣어 프레젠테이션을 했습니다.

"당신은 어디에서 왔는가, 또 어디로 가려 하는가?

일을 함에 있어서 가장 중요한 것은 보람이 아니겠습니까? 인간은 새로운 발견에 놀라고, 감동하고, 성장하는 기쁨을 맛봄으로써 비로소 처음 보람을 느끼는 것이 아닐까요.

전 직원이 항상 생각하고, 용기를 가지고 가능성에 도전하며, 비록 실패하더라도 그것을 다음 도전의 원동력으로 삼아, 여러분 각자가 마음껏 능력을 발휘할 수 있는 저희 회사야말로 바로 당신이 원하던 바로 그 직장입니다……."

그런데, 우리 부스를 찾아준 학생은 겨우 3명이었습니다.

우리의 의지를 담은 채용설명회는 텅 빈 공간처럼 적막감이 돌았고, 결국 처음으로 합동 설명회에 참가한 이 해에 우리는 신입직원을 채용하지 못했습니다. 다른 딜러회사들이 비싼 비용이 드는 이 이벤트에 참가하지 않는 이유가 무엇인지도 이때 알게 되었습니다.

그러나 좋은 회사를 만들기 위해서는 어떻게든 우수한 인재를 확보할 필요가 있습니다. 그해의 신입직원 채용에는 실패했지만, 저는 포기하지 않았습니다.

'우수한 스태프를 모아, 그 직원들과 함께 꿈같은 회사를 만들어보자.'

이런 생각이 더욱 간절하게 굳어진 계기가 되었을 뿐입니다.

30시간의 면접을 통해
서로를 이해한다

저는 채용활동에 들어가는 비용을 아깝다고 생각해본 적이 없습니다. 인재 확보가 회사에 있어 무엇보다도 중요하다고 생각하기 때문입니다. 채용인원은 연간 5명에서 10명 정도입니다만, 우리회사의 채용에 드는 비용은 당시에도 1,000만 엔(약 1억 원) 이상이었습니다. 이것은 같은 규모 회사의 평균 채용 비용의 5배가 넘는 수준이었습니다.

어필하는 대상도, 취업을 앞둔 대학 3, 4학년생뿐만 아니라, 1, 2학년생에게로 범위를 넓혔습니다. 3, 4학년이 된 학생들에게만 홍보하기에는 우리회사의 존재를 어필할 시간이 부족하다고 생각했기 때문입니다.

많은 분들이 우리회사의 면접에 대해 놀라십니다. 창업 당시부터, 한 사람의 학생에 대해 최저 30시간 이상의 시간을 들여 면접을 하고 있기 때문입니다. 한 번에 5시간 정도의 면접을 3개월 동안에 6번 실시합니다. 도합 30시간이 되는 것입니다.

30시간의 내용은, 그저 단순한 면담, 면담의 연속입니다. 그러나 면담은 같은 직원이 담당하는 것이 아닙니다. 매번 다른 직원들이 면담을 실시하여, 그 학생이 함께 일하고 싶은 인물인가 아닌가를 모두가 생각하도록 합니다.

30시간이나 면접을 하는 것은 또한 학생을 위한 것이기도 합니다. 이 회사가 자신에게 있어 최적의 직장인가 아닌가를, 학생들에게도 시간을 들여 생각해보도록 하는 것이기 때문입니다.

필기시험은, 학생들이 우리회사에 몇 번이나 방문하면서 직원들과 충분히 이야기를 나누고 우리회사를 제1지망으로 지명한 다음에 실시합니다. 그렇기 때문에 정해진 시기에 채용시험을 치는 것이 아니라, 연중 수시로 시험을 치게 되었습니다. 시험을 통해서 보는 것은 '인간성', '적성'과 '가치관'(무엇을 중요하게 여기는 사람인가)입니다. 일반상식은 그다지 참고하지 않습니다.

결코 급여가 높지도, 휴가가 많지도 않습니다만, 경영자가

진두에 서서 회사에 대해 설명을 하고, 회사를 방문하면 직원들이 돌아가면서 이야기를 해줍니다. 또한, 이렇게 시간과 수고를 들여 내정(입사확약)을 하게 되더라도 학생에게는 다른 회사 중에 자신에게 더 맞는 회사를 찾았다면 입사하지 않아도 좋다고 말합니다.

이러한 면접 방식과 내용이 화제가 되어, 지역 학생들에게는 '희한한 회사'로 알려지게 되었습니다. 대학을 졸업한 선배들도 후배들에게 이렇게 조언해주는 경우가 많다고 합니다.

"저 회사 면접은 도움이 되니까 한번 방문해보는 것이 좋을 거야."

몇 번이나 면담을 한다는 것은 학생들이 몇 번이나 회사로 찾아오게 한다는 것입니다. 우리회사에 관심이 있는 학생은 다음 면담에 참석하지만, 그렇지 않은 학생은 스스로 오지 않게 됩니다. 역으로, 우리들이 '뭔가 좀 부족한데……'라고 생각하는 학생도 마찬가지로 자연스럽게 오지 않게 됩니다.

취업을 희망하는 학생은 미래의 직원후보임과 동시에 잠재적인 고객이기도 하기 때문에, 불합격이라는 'NO'를 말하지 않고 끝낼 수 있다는 것은 우리의 비즈니스에 있어서는 참으

로 다행스러운 일입니다. 그러한 점에서도, 시간을 들이는 채
용방법은 우리회사에 맞는 방법이라고 생각합니다.

처우가 나쁘니까 오히려
좋은 직원을 채용할 수 있다

"좋은 인재를 채용하기 위해 가능한 한 신입직원 연봉을 높게 책정하려고 한다"는 경영자가 있습니다. 대개의 학생은, 급여가 높은 회사, 처우가 좋은 회사에 들어가고 싶어 하기 때문입니다. 지명도가 있고, 규모도 크고, 안정되면서 처우도 좋은, 그렇게 네 박자를 모두 갖춘 회사에는 학생들이 몰립니다.

그러나 수없이 몰려든 그 학생들 사이에서 어떻게 진주를 찾아내야 좋을까요? 필기시험 2시간과 면접 2~3시간으로 진주를 찾아낼 수 있을까요?

대졸직원의 약 40퍼센트가 겨우 3년 이내에 그만둔다는 통계가 있습니다. 바라는 대로, 규모가 크고 안정성과 처우, 급

여, 상여, 휴가, 복리후생이 정비된 좋은 조건의 회사에 들어
갔는데, 왜 그 회사를 그만두는 것일까요?

그것은 아마도 일을 함에 있어서, 급여나 복리후생 등의 조
건과 같거나 혹은 그 이상으로 중요한 것을 느낄 수 없었기
때문일 것입니다. 그 이상으로 중요한 것이란 바로 '일하는
보람'입니다.

'휴가가 많고, 급여가 많은 회사에서 편하게 지내고 싶다',
'주변사람들로부터 "그 회사를 다닌다고? 와, 대단한데!" 라
는 말을 듣고 싶다'. 그런 이유로 회사에 들어갔다고 해도 반
드시 보람을 느끼리라는 보장은 없습니다. 급여나 우월감은
보람과는 크게 상관이 없기 때문입니다. 이것을 착각하면, 학
생들에게 있어서도, 회사에 있어서도 아쉬운 결과만이 있을
뿐입니다. 따라서 저는, 처우가 좋다는 것은, 사실은 좋은 회
사를 만들고자 하는 기업에게는 오히려 약간 불리한 것이라
고 생각하고 있습니다.

역설적으로 들릴지도 모르겠습니다만, 인기가 없는 직종이
라는 것은 반대로 채용에는 유리합니다. 처우나 급여가 아니
라, 일 그 자체에 매력을 느낀 사람이 찾아오기 때문입니다.

우리회사는 비인기 업종일 뿐만 아니라 그리 높지 않은 연봉으로 일은 얼마든지 하는 회사인지라, '돈이 좋다', '편하게 다니고 싶다'고 생각하는 사람이 아니라 보람을 얻고자 하는 사람만이 남게 됩니다. 보람이 있는 조직을 만들면, 그들은 더욱 더 능력을 발휘하고 성장해주는 것입니다.

　그러한 의미에서도, 중소기업은 "우리회사는 보람이 있는 회사입니다"라는 것을 보여주지 않으면 안 됩니다. 예를 들면, 프로젝트팀 활동 등으로, 직원들이 웃으면서 즐겁게 미팅을 하고 있는 모습을 학생들에게 보여주는 식입니다. 그리고 "모두들 즐거워 보이지만, 이것은 시간 외 활동이기 때문에 야근수당은 없어요"라고 설명합니다. 그러면 학생들은 거기서 그 회사에 들어갈까 말까를 생각하게 되는 것입니다.

　'야근수당도 없는데 이렇게 즐겁게 일할 수 있다니, 이 회사 사람들은 정말 대단해!'라고 생각하는 사람은 100명 중에 3명 정도입니다. 대부분의 학생들은, "구속되어 있는 시간임에도 야근수당을 안 준다니, 불만을 애기할 수 없는 분위기인가요?"라고 질문합니다.

　그때는, "아니요, 구속되어 있는 것이 아니라 모두 자발적으로 희망해서 참여하고 있는 것입니다"라고 대답합니다.

그러면, 입사희망자는 더 다가오게 되고, 가치관이 맞지 않는 사람은 자연스럽게 떨어져 나갑니다. 그렇기 때문에 급여의 '많고 적음'이라는 처우로 회사를 결정하는 사람은 처음부터 우리회사에 들어오지 않습니다.

　물질적 처우보다는 정신적 보람을 추구하는 사람들이 모여들면 팀워크가 좋아질 뿐만 아니라, 최선을 다해 일하기 때문에 업무의 낭비도 사라지고 생산성이 올라갑니다. 생산성이 올라가면, 새로운 창조 여력이 생겨 프로젝트팀의 활동도 더욱 활발해집니다. 그래서 최종적으로는 처우가 좋은 회사가 될 수 있는 것입니다.

일하는 사람의 행복은
결국 일하는 보람

　일하는 사람의 행복은 '보람'이라고 생각합니다. 그러면, 보람을 느낀다는 것은 어떠한 상태일까요? 그것은, 앞에서 말한 바와 같이 근무시간 외에 이루어지는 프로젝트팀 활동에 기쁘게 참여하고, 동료들과 함께 하는 시간 속에서 즐거움을 느끼는 것이라고 할 수 있습니다. 혹은 자동차 점검을 위해 방문한 고객과 담소하거나, "아무개 씨, 고마워요!"라는 감사의 인사를 받는 순간일지도 모릅니다. 이런 하나하나의 장면이 보람이라고 할 수 있겠지요.

　혹시라도, '보람은 없지만 급여가 높으니까, 가족들을 위해 이를 악물고 버티자'라며 억지로 참고 있는 상태가 계속된다면, 인간은 우울 상태에 빠지게 됩니다. '높은 급여보다도, 가족들에게는 남편이자 아버지, 아내이자 어머니 혹은 자녀들인 자신의 정신적 건강이 더 중요하다'는 것을 잊지 않기를 바랍니다.

지금, 직장에서 마음에 병이 든 사람들이 늘어나 사회문제가 되고 있습니다. 그래서 전사적으로 야근을 금지하거나, 인사나 지원부서 직원이 멘탈헬스mental health 세미나를 듣거나, 직원들을 대상으로 '마음의 건강'에 관한 강좌를 여는 회사들도 있습니다.

그러나 저는, 사내에서 멘탈헬스 강좌를 열어도, 6시에 컴퓨터 전원이 꺼지도록 설정을 해도, 별로 의미가 없다고 생각합니다.

"저곳은 유명한 대기업도 아니고, 급여도 낮고 휴가도 적어. 그래도 보람을 많이 느낄 수 있고 다들 열심히 하니까 결과가 나오는 게지. 능력도 키울 수 있고. 그래서 저 회사를 다니던 사람은 다른 회사로 가면 금방 관리직으로 승진할 정도라니까."이런 평가를 받는 회사를 지향해야 합니다.

처우와 급여가 좋은 회사에는, 보람이 없어도 나름대로 만족하며 일할 수 있는 사람들이 많이 있겠지요. 그러나 그러한 회사에 성장은 없습니다. 열심히 자신들의 기득권을 지키고, 이익만을 쫓다가 국가경제에 위해를 가한 대기업 조직을 여러분도 몇 개는 기억할 수 있을 것입니다.

멘탈헬스와 관련해서는 뒤에서 다시 설명하겠습니다.

회사의 질은
모두 사람에 달렸다

앞서도 언급한 바와 같이 회사의 존재가치는 '양'이 아니라 '질'입니다. '회사를 좋게 한다 = 매출을 늘려 이익을 낸다' 가 아니라는 것은 어느 경영자든 이미 알고 있을 것입니다.

좋다는 것은 질의 이야기이지, 매출이나 이익과 같은 양의 이야기가 아닙니다.

'양'만을 추구해서 '질'을 도외시하면, 결국 '양'을 확보할 수 없게 된다는 것은 누구나 간단히 이해할 수 있는 메커니즘입니다. '질 높은 회사를 만들자'거나 '질을 높이자'라는 것은 회사를 성장시키자는 것입니다. 한편으로 매출이 오르고, 이익이 나서 규모가 커진 상태, 그 자체는 단순한 팽창에 불과합니다. '성장하는' 것과 '팽창하는' 것은 의미가 다릅니다.

'내용의 질이 좋아지는 것이 성장'이라고 저는 생각합니다.

그런데 현실에서는, 많은 회사들이 팽창을 지향하고 있습니다. 매출이나 이익의 확대를 위해서라면 어디까지 가야 만족할 것인가 싶을 정도로 몰입되어 있습니다. 모두가 보이지 않는 것보다, 보이는 것을 우선하기 때문이지요.

물론 팽창을 꾀하는 경영자의 마음이 이해가 가지 않는 것은 아닙니다. 경영자로서는 숫자가 나오지 않으면 불안한 것입니다. 양을 접어두고 먼저 질을 추구하는 것은 상당한 용기가 필요한 것이 사실입니다.

그러나 저는 이렇게 생각해보았습니다.

'모두가 팽창을 염두에 두고 있으니, 언젠가는 그 양도 확보하지 못하는 때가 올 것이다. 국내의 자동차 시장이 앞으로 계속해서 늘어날 리가 없다. 오히려 저출산고령화少子高齢化 (태어나는 아이는 적고, 노인 인구가 늘어나는 현상) 사회가 된다. 그렇다면 자동차의 전체 판매대수는 자연히 줄어들 수밖에 없다. 그때에 강한 기업이 되려면 지금부터 준비해두는 것이 좋겠다. 정말로 질이 좋은 회사가 되지 못한다면 언젠가 회사는 갈 곳이 없어질 것이다'라고.

이것이 1980년대 일본사회 전체가 버블 속으로 뛰어들던 시대에 넷츠토요타난고쿠가 고민하던 내용입니다.

질을 높이는 것이 중요하다는 것은 과거로부터 경영학자들이 입이 닳도록 강조해왔습니다. 저는 그들의 이야기에 깊이 공명한 것입니다.

다시 본론으로 돌아가, 질을 높여간다는 것은 어떠한 것일까요? 대답은 간단합니다.

"회사의 모든 것은, 사람이 만듭니다. 그러므로 사람의 질이 곧 회사의 질입니다."

제가 창업 초기부터 채용에 주력한 것도, 사람의 질을 높이지 않으면 안 된다고 생각했기 때문입니다.

우리회사에서는 적자는 아니지만 그렇다고 그렇게 큰 흑자가 난 경우가 아니어도, 채용에만 연간 1,000만 엔 이상의 돈을 써왔습니다. 직원수 16명 정도로 시작해서 60명 정도가 되기까지 계속해서 1,000만 엔 이상의 비용을 채용 활동에 투자했습니다. 약 10년간이니까 약 1억 엔 정도를 쓴 셈이 됩니다.

채용에 들어가는 돈만 아껴도 그대로 1,000만 엔의 이익이

나는 상황이기도 합니다만, 그래도 채용에 들어가는 비용을 줄이지 않았습니다. '회사의 질'이라는 신념이 있었기 때문에 가능한 일이었습니다.

이익이 생각보다 많이 났을 때, 더욱 팽창하기 위해 양을 늘리는 투자를 감행하는 이들도 많습니다. 그러나 정말로 회사를 '성장'시키고자 한다면, 그 이익은 좀더 '질'을 높이는 데 사용되어야 한다고 저는 생각합니다. 우리회사에 있어서는 그것이 '채용'이었던 것입니다.

도깨비 방망이와
인재의 조건

우리회사가 채용하는 인재의 조건을 말하자면, 도깨비와 방망이가 아주 좋은 기준이 됩니다. 저는 자주 이런 이야기를 합니다.

"다음 네 종류의 도깨비 중에 누가 가장 세다고 생각합니까?"

1. 커다란 방망이를 든 커다란 도깨비

2. 커다란 방망이를 든 작은 도깨비

3. 작은 방망이를 든 커다란 도깨비

4. 작은 방망이를 든 작은 도깨비

생각할 것도 없이, 가장 센 쪽은 1번이겠지요. 그러면 두 번째 이하의 순위는 어떻게 될까요? 약간 헷갈리기도 하겠지만, 두 번째로 강한 것은 2번이라고 생각하는 사람들이 많지 않을까요?

그러나 사실 이것은 최약의 조합입니다. 두 번째로 강한 것은 3번, 작은 방망이를 든 커다란 도깨비이고, 세 번째가 4번의 작은 방망이를 든 작은 도깨비인 것입니다.

왜 2번의 커다란 방망이를 든 작은 도깨비가 가장 약한가 하면, 방망이가 너무 커서 작은 도깨비로서는 그것을 마음대로 휘두르지도 못하고, 역으로 도깨비가 방망이에게 휘둘림을 당하는 꼴이 나기 때문입니다. 사용할 수 없는 무기는 의미가 없는 것, 무리를 해서 휘두르다가는 자기만 다치기 십상입니다.

여기서 도깨비를 '인간력', 그리고 방망이를 '지식'이라고 생각해보시죠.

인간력이란, '도구를 마음대로 사용하며 미래를 열어가는 힘'입니다. 구체적으로는 관찰력이나 통찰력 등의 '깨닫는 힘', 분석력이나 창조력과 같은 '생각하는 힘'과 '커뮤니케이션 능력' 등을 말합니다.

한편 방망이에 해당하는 지식은, 정보나 상식, 경험, 성공

체험, 매뉴얼 등입니다. 인재로서 가장 평가가 높은 것은, 커다란 인간력과 커다란 지식을 겸비한 사람입니다. 그 다음이 지식은 적지만 커다란 인간력을 가진 사람. 반대로 지식과 비교하여 인간력이 너무 작은 사람은, 이른바 헛똑똑이인 경우가 많기 때문에 평가는 낮게 됩니다. 그렇다면 차라리 적은 지식에 인간력도 적은 사람이 가능성이 높겠지요.

지식, 결국 방망이가 작은 사람은, '일단은 해보자!'고 행동하려고 합니다만, 방망이가 큰 사람은 안 되는 이유를 늘어놓는 경향이 있습니다. 인간력에 비해 지식이 너무 많으면, 오히려 행동하기를 주저하기 때문인지도 모르겠습니다.

그런데, 많은 기업의 채용에서 중시되고 있는 것은 '지식, 즉 방망이'입니다. 학력이나 자격, 필기시험의 결과 등은 눈에 보이는 형태로 평가할 수 있기 때문에, 채용의 근거로 삼기 쉽기 때문입니다. 반면, '도깨비, 즉 인간력'은 중요하다고는 알고 있어도, 단시간에는 보이지 않는 요소이기 때문에 채용의 평가기준이 되기 어려운 것입니다.

그러나 우리회사가 중시하는 것은 어디까지나 도깨비, 즉 인간력입니다. 채용 프로세스는 앞서 밝힌 바와 같이, 학생들로 하여금 몇 번이나 회사를 방문하게 하여 선배 직원들과 이야기를 나누는 가운데 다양한 관점에서 학생의 도깨비(인간력)의 크기를 보려고 하는 것입니다.

다만 인간력을 중시한다고 해도 아직 학생의 인간력은 미성숙한 상태입니다. 따라서 보다 정확하게는 '커다란 도깨비가 될 수 있는 가능성', '커다란 도깨비가 되려는 의욕'을 중시한다고 말할 수 있겠습니다.

우리회사를 방문하는 학생들에게 직원들이 가장 많이 던지는 질문은, "무엇 때문에 일하려고 합니까?"라는 것입니다만, 질문을 받자마자 이 질문에 대답할 수 있는 학생은 거의, 아니 전혀, 없습니다. 하지만 그래도 상관없습니다. 우리는 대답 그 자체보다는, 스스로 곰곰이 생각해보고 대답을 하려는 그 프로세스를 보고 있는 것이니까요.

알고 있는 것을
할 수 있는 것으로 바꿔라

조금만 더 '인간력'에 대해서 말씀드리겠습니다.

인간력을 분해하면 여러 가지 요소가 나옵니다. 예를 들면, 언어능력 등도 그런 것 중에 하나입니다. 언어능력에 자신이 있는 사람이 있다고 하면, 그 사람은 그 전문분야를 강화하는 것만으로도 인간력을 높일 수가 있습니다. 그러나 진정한 의미에서 '인간력이 높아졌다'고 말할 수 있기 위해서는, 좀더 욕심을 내서 한 가지 요소가 아니라 인간력 전체를 높이려고 노력하지 않으면 안 됩니다.

인간력은 환경과 체험에 의해 향상됩니다. 회사의 경우는 환경과 체험이 가능한 장을 만드는 것이 경영자의 역할이 됩니다. "무언가를 배우기 위해서는 체험하는 것 이외에 좋은 방법은 없다"고 말한 사람은 아인슈타인입니다.

우리회사도 이것을 배워서 '가르치는 회사'가 되지 않으려고 노력을 하고 있습니다. '백문불여일견 百聞不如一見'이라고 합니다만, 이는 나아가면 '백견불여일행 百見不如一行'이라고 할 수 있습니다. 이것을 단순 계산하면, 만 번 듣는 것보다 한 번 하는 것이 낫다는 말이 됩니다.

회사의 상사가 부하직원을 질책할 때 흔히들, "몇 번을 말해야 알아듣겠어?"라고 합니다만, 그 답은 결국 '만 번'이라는 것입니다. '말로 하는 것이 빠르다'거나 '말로 이야기해주지 않으면 이해를 못 한다'고 생각하기 쉽습니다만, 한 번 체험을 하도록 하는 것이 확실하게 산 정상을 빨리 오르는 지름길인 것입니다.

머리로는 이해하고 있다.

그것을 알고는 있다.

그런데, 안 된다.

이런 예는 세상에 얼마든지 널려 있습니다. 예를 들면, '수영은 어떻게 하면 되는가?'에 대해서는 모두가 알고 있습니다. 물속에서 손발을 잘 저으면 되는 것이지요. 그러나 아무리 책상 앞에서 수영법을 듣는다 해도, 물에 들어가보지 않으면 수영을 못 하는 것입니다.

　'알고 있다'는 것과 '할 수 있다'는 것은 전혀 다른 것입니다. 모두가 지행합일知行合一을 말하지만 좀처럼 그게 잘 안 됩니다. 지행합일이 되려면 어떻게 하면 좋을까요? 수영의 예에서처럼 체험을 하도록 하면 되는 것입니다. 체험해보면 '알고 있는' 것이 '할 수 있는' 것이 됩니다.

리더십이란 주체성이다

경영자나 관리자에게는 리더십이 필요하다고 합니다.

그러나 직원들에게도 리더십은 없어서는 안 됩니다. 중요한 것은, 상사와 부하직원 전원이 자기 자신의 리더십을 키워야 한다는 것입니다.

사실 리더십이란 주체성을 말하는 것으로, 나아가서는 주변인들에게 신뢰받는 사람이라는 의미입니다. 따라서 리더십은 리더이든 아니든 일을 함에 있어서 필요한 역량의 하나입니다.

'모두가 리더십을 가지고 있으면 팀으로 뭉칠 수가 없는 것이 아닌가?' 하고 불안해할 필요는 없습니다.

원래 리더십이란 부하직원을 통솔하거나, 지시명령을 통해 사람을 움직이게 하는 것이 아닙니다. 회사에서 어떤 직책을 맡고 있지 않더라도, 리더십이란 주체성임을 인식하면서 생활하고, 끊임없이 자기 자신을 보면서 행동하다 보면, 어느새 전혀 다른 사람이 될 수가 있습니다.

'주체적이 되자', '주변으로부터 신뢰받는 사람이 되자'고 의식하며 하루하루를 보내다보면 이내 그것은 습관이 됩니다.

습관이란, 오랫동안 반복하지 않으면 몸에 배지 않는 것이기 때문에 그렇게 쉽게 자신의 것이 되지는 않습니다만, 매일 노력을 거듭하는 가운데 올바른 의미의 리더십이 몸에 배게 될 것이라고 생각합니다.

한 사람, 한 사람이
'스스로를 경영하는 힘'을 익힌다

　제가 생각하는 경영력經營力이란, '돈을 버는 것'이라든가, '많은 이익을 내는 것'이 아니라고 봅니다. 매출을 올리고 돈을 버는 것이 회사를 잘 경영하는 것이라고 생각하는 이들이 많이 있습니다만, 그것은 전혀 다른 문제입니다. 진정한 경영력이란, 문자 그대로 '경영을 하는 힘'입니다. 그리고 경영이란, 바꾸는 것입니다.

　많은 경영자들이 실제로 하고 있는 것은 경영이 아니라, 관리가 아닌가 하는 생각을 떨칠 수가 없습니다. 이것은 어디까지나 제 생각이긴 합니다만, 관리란 '이렇게 해야 한다'는 기준이나 룰이 있어서, 그 룰대로 함으로써 결과를 내는 것을 말합니다.

예를 들면 자기관리를 잘 하는 사람이란 매일 같이 그러한 행동을 하는 사람이라는 의미입니다. 그러므로 당연히 관리는 중요합니다. 다만, 관리의 세계에서는 무언가를 바꿀 필요가 없습니다.

반면에 경영은 바꾸는 것입니다. 그러므로 자신을 적극적으로 바꾸어가는 사람이 '자신을 경영하는 힘이 있는 사람'이라고 할 수 있으며, 회사를 적극적으로 바꾸어가는 사람이 '회사를 경영하는 힘이 있는 사람'이라는 것이 됩니다.

그러면 바꾸기 위해서는 무엇이 필요할까요?

그것은 문제를 발견하고 그것을 해결하는 힘입니다.

단, 여기서 주의하지 않으면 안 되는 것은 문제에는 결과(현상)로서 눈에 보이는 표면적인 것과 깊숙이 숨겨져 있는 본질적인 것이 있다는 사실입니다. 이 양자를 혼동해서는 안 됩니다.

예를 들면, "저출산고령화가 문제다"라고 말하는 사람이 있습니다. 확실히 문제이긴 합니다만, 저출산고령화는 본질적인 문제가 아닙니다. 그것은 누구의 눈에나 보이는 것이므로 발견이라고 할 것도 없습니다만, 본질적인 문제는 더더욱 아닙니다.

그러면, 저출산고령화가 된 본질적인 문제는 어디에 있는 것일까요?

우선 생각할 수 있는 것으로 자녀수의 감소입니다. 그 이유는 만혼晩婚, 결혼해도 자녀를 갖지 않는 부부, 혹은 결혼 자체를 하지 않는 남녀가 늘어나기 때문입니다. 나아가서는 결혼을 하더라도, 아이를 하나 혹은 둘밖에 낳지 않는 부부가 대부분이기 때문입니다. 과거와 같이 아이들을 일곱이나 여덟씩 낳는 사람들이 없는 것은 왜일까요?

그 이유 중 하나는 아이를 많이 낳으면, 학비나 사교육비 등 경제적인 부담이 매우 크다고 생각하기 때문입니다. 그렇다면 그렇게 생각하는 사람들이 늘어난 원인은 무엇일까요?

이런 식으로 왜? 왜?를 반복해 들어가면 본질적인 문제를 발견할 수 있습니다. 진정한 문제를 발견하면, 현재와 같이 아이를 하나 낳으면 보조금이 얼마라는 식이라든가, 초등학교, 중학교 학비를 무료로 한다고 하는 당장의 조치에 급급한 대책으로는 근본적인 문제해결이 안 된다는 것을 깨닫게 됩니다. 그리고 그 본질적인 문제를 해결할 수 없다면, 저출산고령화라는 커다란 문제는 결코 없어지지 않는 것입니다.

숨겨진 곳에 있는 것을 찾아내기 때문에 '발견'이라고 합니다. 누구나 거기 있어서 보이는 사실은 '발견했다'고 하지 않습니다. 사실을 '확인했을' 뿐입니다.

앞에서 말한 '문제해결 어프로치'로도 설명을 했습니다만, 보이는 것에 대한 개선 어프로치는 조치입니다.

"화재가 발생하면 물을 뿌려라" 하는 것이 조치입니다. 화재가 발생한 것은 눈에 보이는 것이기 때문에, '화재를 발견했다'고는 하지 않습니다.

그러나 '왜 화재가 발생한 것인가? 여기에는 화재가 발생한 어떤 원인이 있는 것이 아닌가'를 생각했을 때, '불씨를 확실히 끄는 습관이 없기 때문이다'라든가, '인화성 물질이 불 가까이에 있다'와 같이 여러 가지로 그 현상을 일으키는 '문제'를 깨닫게 됩니다. 그것이 문제를 '발견한다'는 것입니다.

회사든 개인이든, '경영, 즉 변화해가기' 위해서는, 진정한 문제를 발견하는 능력이 필요합니다. 그렇게 발견한 문제에 개선의 어프로치를 접목시키는 것이 '해결'입니다.

매일 이 '문제의 발견과 해결'을 되풀이 할 수 있으면, 자기 자신의 경영력은 몰라볼 정도로 강해지는 것이지요.

하나 더 말하자면, 이것은 귀에 못이 박히도록 들은 이야기일지도 모릅니다만, 경영상의 본질적인 문제를 발견하는 과정에서, 사실은 자기 자신에게 원인이 있었음을 깨닫는 경영자도 많이 있을 것입니다. 여기에 맞설 수 있는가 없는가가 경영하는 힘, 즉 경영력의 갈림길인지도 모릅니다.

우선 자기가 먼저 변해야 한다

요즘에는 멘탈헬스의 문제를 안고 있는 직원들 때문에 고민하는 회사가 많이 있습니다. 어떻게 했기에 직원들이 우울증 등의 멘탈헬스 문제를 갖게 되는 것일까요? 그것은 직원들이 주체적으로 움직일 수 없기 때문이 아니겠습니까?

자기 자신의 의지로, 스스로 생각한 대로 행동하고 있는 사람에게는 멘탈헬스의 문제는 생기지 않는 법입니다.

아래는 회사에서 멘탈헬스 상태를 묻는 직원 대상 앙케이트의 사례입니다.

"다음 항목 가운데 본인에게 해당하는 것은 몇 가지입니까?"

1. 성장하고 있다는 느낌이 없다.

2. 스스로 판단해서 일을 할 수가 없다.

3. 그다지 자유롭게 의견을 말할 수 없다.

4. 자신의 노력이 평가되지 않는다.

5. 직장 내의 인간관계, 상사와의 관계가 좋지 않다.

6. 커뮤니케이션 부족, 팀워크가 없다.

7. 부문간의 부서 이기주의가 강하다.

8. 소속되어 있는 조직에 애착이 없다.

직원들의 멘탈헬스에 관한 심각한 문제를 안고 있는 회사에서 이 앙케이트 조사를 해보면, 문항 중 6개 혹은 7개나 자신에게 해당된다고 말하는 직원들이 적지 않습니다. 일반 중소기업에서는 대개 4개 정도라고 합니다.

많은 항목에 '해당한다'고 답한 사람들은, 대개가 일반 평직원들입니다. 연령이나 근속년수는 상관없습니다. 스스로 생각해서 일을 하고, 지시를 내리는 간부직원들은 그다지 해당항목이 많지 않습니다. 결국 상사로부터 지시를 받는 경우가 많은 평직원의 업무 대부분이, 주체성이 없이 로봇과 같은 상태가 되어있다는 뜻이 아닐런지요.

각각의 직원들이 자신의 인간력을 발휘할 기회를 얻지 못하기 때문에, '시켜서 한다'는 인식이 강하게 남아 있는 것이 아닌가 하는 생각이 듭니다. 그것은 본인에게도 문제가 있겠습니다만, 대부분은 회사에 문제가 있습니다.

"네 의견은 필요 없으니 시키는 대로 해라."

"투덜대지 말고, 어쨌든 결과로 말해라."

이런 것이 당연하게 되어있는 회사에서는 많은 항목에 해당한다고 느끼는 직원들이 아무래도 많을 것입니다.

이 앙케이트와 관련하여 우리회사에서는, 해당사항이 '하나도 없다'인 경우가 전 직원의 절반, '하나'라고 답한 경우가 나머지 절반이었습니다. 다행스럽게도 우리회사의 경우는, 성장하고 있다는 것이 느껴지고, 스스로 판단하여 일을 할 수 있고, 자유롭게 의견을 말할 수 있고, 노력은 평가 받으며, 직장의 인간관계나 커뮤니케이션도 양호해서, 부서 이기주의도 없다고 느끼는 직원들이 대부분인 것입니다.

왜 우리회사에서는 이러한 결과를 얻었는가 하면, 그것은 늘 직원들의 주체성을 의식해서, 즉 인간력을 잃지 않도록 배려하기 때문입니다. 이것은 특별히 어려운 것은 아닙니다. 시간이 걸릴지는 모릅니다만, '직원들이 인간력을 발휘하도록 하자'라고 생각하고, 진정성을 가지고 하면 되는 것입니다.

그러기 위해서는, 경영자가 우선 자신을 바꿀 필요가 있습니다. 아무리 해도 변하지 않는 회사를 바꾸려고 하기보다는 먼저 자신을 바꾸는 것부터 시작하는 것이 쉬울 것입니다.

경영자가 자신을 바꾸는 것이 가능해지면 회사는 바뀝니다. 그런데 자신을 바꾸려고 하지는 않고 회사를 바꾸려고 하는 경영자가 많은 것이 사실입니다. 자기 자신은 예외로 하고 아무리 '개혁이다', '혁신이다'를 외쳐보아도 회사는 바뀌지 않는다는 것을 이해해주었으면 합니다.

'누군가를 위해서'가 에너지가 된다

　젊은이는 '꿈'을 가지고 있지 않으면 안 된다고 많은 사람들이 말합니다. 더불어 '몇 살까지 독립해서 내 가게를 갖겠다'거나 '몇 년 후에는 수입을 얼마로 늘리겠다' 하는 식으로 꿈에 구체적인 숫자를 부여하는 것이 좋다고 말하는 사람도 있습니다. 그것은 그것대로 좋다고 생각합니다.

　꿈에 기한을 설정하면, 그 꿈을 실현하기 위하여 3년 후, 금년, 이번 달, 이번 주, 오늘 무엇을 하지 않으면 안 되는가를 알 수 있습니다. 자신의 생활에 규율을 만들어 인생을 다듬어가는데 아주 좋은 방법이라고도 할 수 있습니다.

　다만, 주의를 바라는 것은, 숫자를 붙이기 쉬운 것은 어디까지나 목표레벨의 꿈인 경우이고, 더욱 중요한 것은 목표 너머에 있는 '목적'을 명확히 해두는 것입니다.

예를 들면, '7년 후에는 독립해서 회사를 차린다'는 꿈을 가지고 있는, 27세의 젊은이가 있다고 합시다. 저는 그 젊은이에게 아마도 이렇게 물을 것입니다.

"당신은 독립해서 회사를 차려서 어떤 사람이 되고자 하는 것입니까? 또 어떤 회사를 만들고자 합니까?"

그 젊은이는 "30대에 부자가 되고 싶다"고 말할지도 모릅니다. 그러면 저는 이어서, "부자가 되어서 어떤 것을 하고자 합니까?"라고 묻겠지요. 그 젊은이는, 마침내 대답이 궁색해질 것입니다. 왜냐하면 독립이나 부자가 되는 것은 목표에 불과하기 때문입니다.

목표레벨의 꿈 대부분은, '자신을 위한 것'입니다.

예를 들면, '자신이 사장이 되어 부자가 되고 싶다', '자신이 훌륭한 상을 타서 남들에게 인정받고 싶다', '자신이 많은 사람들의 리더가 되어 폼 한 번 잡고 싶다', 대개가 이런 것들입니다.

그렇다면 "목적이란 무엇인가?"라는 질문을 하다 보면, 의외로 자신의 목적이 '자신만을 위한 것이 아니라는 것'을 깨닫게 됩니다. 목적레벨의 꿈을 꾸려고 하면, 앞에서 언급한 "어머니를 편하게 모시고 싶다"고 대답한 젊은이와 같이, '자신 이외의 다른 사람을 위해서'가 많아집니다.

'가족을 행복하게 하기 위해서', '직원들을 위해서', '고객을 위해서', '가능한 한 많은 이들에게 즐거움과 기쁨을 주기 위해서', '감동을 주기 위해서', '웃음을 주기 위해서'.

나만을 위한 것이 아니라, '다른 이들을 위해서 이렇게 하고 싶다'는 것이 훨씬 더 많은 에너지를 불러일으킵니다. 오히려 나만을 위한 꿈은 에너지가 나오기도 어렵고, 좌절하기도 쉽습니다. 자신을 위해서 일한다는 것보다도, 아내와 남편, 아이들, 가족을 위해 일한다는 것이 힘이 나는 법입니다.

그것이 더욱 확대되어, '세상을 위해, 사람들을 위해'라고 생각하면, 더욱 강력한 힘이 나옵니다. 만화영화 〈은하철도 999〉로 유명한 미야자와 겐지宮澤 賢治의 표현을 빌리자면, "세상 전체가 행복해지기 전까지는 개인의 행복은 있을 수 없는" 것입니다. 그래서 목적을 갖는 것이 중요한 것입니다.

여자축구팀 나데시코재팬(일본 여자축구 국가대표팀의 애칭. 나데시코는 패랭이꽃이라는 의미이다—옮긴이)이 강한 것은 이긴다는 목표를 위해 싸웠기 때문이 아니었습니다. 그녀들에게는 하나의 '목적'이 있었습니다. 그것은 자신들이 승리함으로써 동일본대지진의 피해를 입은 동북지방 사람들에게 희망을 주고 싶다는 목적이었습니다.

감독은 시합에 앞서, 선수들에게 동일본대지진의 영상을 보여주었다고 합니다. '일본인들에게 희망을 주고, 웃음을 안김으로써 일본을 건강하게 만들고 싶다.' 그런 목적을 위해 뛰라는 것이었다고 생각합니다. 그래서 그녀들은 강했던 것입니다. 자신들만을 생각해서 경기를 하는 것이 아니라 이타적인 목적을 가짐으로써 보다 강해진 것입니다.

횡적 연계를 중요시하는 팀워크

수렵민족에게는 '사냥에 성공한 자의 몫'이라는 경향이 있습니다. 그러나 농경민족은 모두가 협력하여, 다소 능력이 뛰어난 사람과 그렇지 못한 사람이 있다고 하더라도, 대개 같이 나누는 경향이 강하게 남아 있습니다.

특히 일본은, 서로 돕고, 서로 나누는 정신에 있어서는 세계 1위라고 생각합니다. 그래서 일본 기업들이 성과주의를 도입해서 실패를 하는 것은 어찌 보면 당연한 것인지도 모르겠습니다. 일본은, 원래부터 마을단위 사회였습니다.

마을단위 사회에서 사람들이 가장 두려워하는 것은, 무라하치부(규율을 어긴 자를 마을 사람들이 따돌리는 제재—옮긴이)가 되어 고

립되는 것입니다. 그래서인지 회사에서 일하는 사람들도 신경을 쓰는 것은 위(상사)가 아니라 옆(동료)인 듯합니다.

서양의 경우, 상사에게만 잘 보이면 된다는 식으로 동료가 자신을 어떻게 보든 상관없다는 경향이 강하게 드러납니다. 항상 상사를 의식하면서 일을 하고 있기 때문에, 자신의 업무가 끝나면 동료가 야근을 하고 있어도 그냥 퇴근합니다. 그런데 대부분의 일본인은, 상사를 그다지 두려워하지 않습니다.

동료들끼리 술을 마시러 가서 상사에 대한 욕을 하느라 다들 신이 납니다. 이것도 관점을 바꾸면, 상사의 문제를 운운하기 이전에, 같이 상사를 험담하는 데 동조하지 않으면 동료들에게 미움을 살지도 모른다는 두려움이 있는 것입니다.

일본의 경영 세계에서는 그것을 배려하지 않으면 안 됩니다. 말하자면, '횡적 연계'를 중시하는 일본인의 특성을 팀워크의 기본에 두는 것입니다. 영업 세계에서는, 아무래도 경쟁원리가 적용되어 팀워크보다는 개인플레이가 많은 것이 보통입니다. 그러나 원래는 영업의 세계야말로, 팀플레이로 팔지 않으면 안 되는 게 아닌가 하고 저는 생각합니다.

자동차 딜러만이 아니라, 대개의 영업부, 영업소에는 영업직원들의 실적그래프가 붙어 있습니다. 실적그래프의 효용은 각자의 판매대수를 막대그래프로 보여줌으로써 전원의 실적이 일목요연하게 관찰되고, 직원들간의 경쟁심을 촉진할 수 있다는 데 있습니다. 그러나 이런 식이라면, 직장은 살벌한 곳이 되어서 횡적 연계를 필요로 하는 팀워크를 할 수 없습니다. 그래서 우리회사에서는 이것을 이른 시기에 폐지하고, 아이디어를 냈습니다.

저는 원래 직원들에게 "매출을 늘려라"라고 말한 바가 없습니다. 경영자나 관리직 가운데는 "자네 뭐하는 거야, 저 친구에게 밀리고 있잖아! 열 받지도 않아?"라는 말로 부하직원을 질책하는 사람들도 있을 것입니다. 또 그렇게 해서 분발하는 직원도 있을 것입니다만, 이것은 오래 지속할 수 없습니다. 커뮤니케이션이나 팀워크, 보람 등 중요한 것을 잃기 때문입니다.

물론 저도 경영자이니까, 매출에 대한 욕심이 없는 것은 아닙니다. 다만 제가 의도하는 것은, 개인플레이에 의존하는 자동차 세일즈를 팀플레이로 바꾸는 것이었습니다.

자동차 딜러 업계는, 보다 많은 대수를 판매하는 자가 이기고, 팔지 못하는 자는 질책을 받고 도태되는 경향이 있습니다. 그래서 세일즈 스태프들은 모두 한 마리 늑대와도 같이 업무에 달려들게 됩니다. 그러나 한 달에 10대를 파는 우수 영업직원이 한 명 있다고 해도, 전체적으로 봐서 그게 최선의 방법인가에 대해서는 의문입니다.

한 사람이 10대를 팔려면 파는 것으로 업무는 끝나버리고, 애프터 팔로우 등 고객만족으로 이어지는 서비스를 할 수 없습니다. 회사 내에 업무도 쌓여만 가겠지요.

결국, 직원들끼리 판매대수를 경쟁시키는 것은, 자신이 직접 담당하고 있는 고객 이외의 고객에 대한 응대가 소홀해질 우려가 있습니다. 직원들이 하나가 되어, 팀워크를 발휘해서 고객에게 대응하지 않으면, 회사 전체로서의 질 높은 서비스는 제공할 수 없습니다.

본디 팀워크가 나쁘다는 것은, 조직의 인간관계나 커뮤니케이션이 안 된다는 반증입니다. 그렇게 심사가 불편한 조직에서 견디며 일하고, 돈을 번다고 해도 직원들은 행복해질 수 없을 것입니다. 전원이 일체가 되어, 팀워크를 발휘할 수 있도록 하기 위해 경영자는 최대한의 주의와 노력을 기울일 필요가 있다고 생각합니다.

'지금만, 돈만, 나만'을 부정한다

　세상에는 훌륭한 사람들이 많이 있습니다만, 개중에는 '내가, 나만' 하는 사람도 있습니다. '남은 어떻게 되든 상관없다. 어쨌든 나만은'이라고 생각하고 행동하는 사람입니다.

　'지금 당장 좋으면 그만'이라든가 '돈이 최고고, 자기는 돈만을 위해서 일한다'고 생각하는 사람들도 유감스럽지만 있습니다. 공교롭게도 '지금만, 돈만, 나만'의 3종 세트를 다 갖춘 사람도 있습니다.

　이러한 사람들이 많은 회사는, 상사가 부하직원의 기분은 이해하려고 하지 않고 강압적으로 되거나, 숫자로 옭아매거나 합니다. 부하직원은 부하직원대로, 무조건 반발하며 상사욕만 합니다. 이래서는 조직으로서의 힘을 발휘하는 것은 난망한 일입니다.

우리회사는 감사하게도 팀워크가 좋은 회사라고들 합니다. 그 큰 이유 중 하나는, 위에서 언급한 타입의 사람을 채용하지 않기 때문입니다. 말하자면, '지금만, 돈만, 나만'과는 정반대의 가치관을 가진 사람을 채용하고 있기 때문입니다.

지금도 중요합니다만, 미래도 중요하다는 가치관.

돈도 중요하지만, 돈 이외에도 중요한 것이 얼마든지 있다는 가치관.

자신을 소중하게 여길 뿐만 아니라, 다른 사람도 소중히 여기지 않으면, 자신을 소중히 여기는 것도 아니라는 가치관입니다.

우리는 주변 사람을 소중히 여기는 것은, 주변 사람들을 위해서가 아니라 자신을 위해서라는 것을 이해하는 사람을 동료로서 맞아들입니다. 이것들을 이해하고 있는 사람을 우리회사에서는 채용하고 있는 것입니다. 여기에 연령이나 성별은 관계가 없습니다. 정말로 이런 가치관을 가진 사람인지 아닌지를 파악하기 위해, 우리회사는 긴 시간을 들여 많은 직원들이 채용을 위한 면담을 이어갑니다만, 다른 회사들은 이 점을 너무나 도외시하고 있다고 생각합니다.

좋은 회사를 만들기 위해서는, 좋은 가치관을 가진 사람들의 집단을 만드는 방법 밖에는 없습니다. 그런데 많은 회사들은 '매출을 많이 올릴 것 같은 사람'을 채용하고, 채용한 후에도 '지금만, 돈만, 나만을 중시하는' 사람으로 만드는 것이 아닌가 하는 생각이 듭니다. 다른 사람을 추락시키면서도 자기만을 생각하는 사람을 인정하고 평가하고 있습니다.

우리회사에서는 정확하게 그 반대로 하고 있습니다. 이것이 우리회사 팀워크의 근간이라고 생각합니다.

내가 문제임을 깨닫는다

경영자에게 있어, 직원들이 무엇을 어떻게 생각하고 있는 가를 알아내는 것은 대단히 중요합니다. 이것은 '직원만족도 가 높은 회사'를 실현하는 데 꼭 필요한 과정입니다. 이를 위 해 대단히 도움이 되는 것이 바로 무기명 앙케이트입니다.

1980년대 중반에는, 직원들에게 자주 '넷츠토요타난고쿠 를 어떤 회사로 만들고 싶은가'를 물어보곤 했습니다. 사람들 은 상대방이 들어서 기분 나쁘게 느낄 만한 말은 가급적 언급 하기 싫어하는 법입니다. 그래서 무기명으로 앙케이트를 실 시했습니다. 앙케이트 횟수를 거듭할 때마다 조금씩 속내가 드러났습니다. 누가 이야기했는지 알 수 없다는 안도감이 있으면, 사람들은 말하고 싶은 것을 말하게 됩니다. 직원들의 속내를 듣는 것, 요즘 말하는 '가시화可視化(어떤 현상이 드러나게 하는 것)'입니다.

앙케이트를 시작했을 무렵에는 급여나 상여, 휴가에 관한 요망이 아무래도 많았습니다. 저는 그렇게 확보한 직원들의 속내를 분류해보았습니다. 그러자, 인간의 욕구를 5단계로 분류해서 설명한 '매슬로우의 욕구 5단계설'(생리적 욕구, 안전의 욕구, 사회적 욕구, 인정의 욕구, 자아실현의 욕구 순으로 인간의 욕구는 기본적인 것에서 고차원적인 것으로 옮아간다는 설―옮긴이)에 딱 맞아 들어감을 알 수 있었습니다.

그 내용을 간단히 정리해보면 다음과 같습니다.

1. 생리적 욕구에 해당하는 앙케이트 결과

- 휴가를 충분히 쓸 수 있는 회사

- 일한 것에 비해 급여가 좋은 회사

- 무리한 야근이 없는 회사

2. 안전의 욕구에 해당하는 앙케이트 결과

- 청결하고 쾌적한 직장

- 일을 하다가 다치거나 병이 날 염려가 없는 회사

- 영속성이 있고, 안정된 회사

3. 사회적 욕구에 해당하는 앙케이트 결과

- 커뮤니케이션이 좋은 회사

- 팀워크가 좋고, 서로 돕는 직장

- 다른 사람들에게 말했을 때 자랑스럽게 생각되는 회사

4. 인정의 욕구에 해당하는 앙케이트 결과

- 고객으로부터 고맙다는 말을 들을 수 있는 직장

- 중요한 일을 맡겨주는 회사

- 결과에 대해 명확하게 평가해주는 회사

5. 자아실현의 욕구에 해당하는 앙케이트 결과

- 경영 참여가 가능한 회사

- 자신의 일에 있어서 자주성이 존중되는 회사

- 일을 통해 성장하고 있음을 느낄 수 있는 회사

저는 이 결과를 정리한 차트를 벽에 붙여놓고 전 직원들에게 보고를 했습니다. 그러자 모두 무엇인가를 깨달은 듯 보였습니다. 생리적 욕구나 안전의 욕구는 경영자에게 요구할 수 있는 내용입니다. 하지만 그보다 고차원적인 욕구는 자신들

의 노력으로 해결할 수 있거나, 개선할 수 있는 내용이라는 것을 말입니다.

이런 것을 자각하기 시작하면서 저에게 '급여를 올려달라'거나 '휴가를 늘려달라'고 말하는 직원들은 점점 줄어들었습니다.

자신들이 해결할 수 있는 것들을 해결해가다 보면 자연스럽게 실적이 좋아지고 급여도 올라간다는 것을 알게 된 것입니다. 앙케이트와 피드백을 거듭하면서, 직원들은 '자신들의 회사를 어떻게 바꾸어가야 하는가', 그리고 '자신들의 일을 어떻게 할 것인가'에 관해 각각의 생각을 나누기 시작했습니다. 그 결과, 보다 고차원적인 욕구를 향해 나아가야 함을 스스로 의식하게 되었다고 저는 봅니다.

고객의 기쁨을
나의 기쁨으로 여긴다

직원들의 다양한 감정을 가시화하는 앙케이트는 이런 효용
이 있습니다. 다만 여기서 주의를 하지 않으면 안 되는 것은, 직
원들이 답변하기 쉬운 앙케이트를 설계해야 한다는 것입니다.

우리회사의 경우, 앞에서 말한 바와 같이 처음에는 '우리회
사를 어떤 회사로 만들고 싶은가?'라는 앙케이트를 했습니다
만, 사실은 회수가 잘 안 된 것이 사실이었습니다.

특히 젊은 직원들의 입장에서는 추상적인 질문을 갑자기 받
게 되면, 뭐라고 답해야 할지 모르겠다는 느낌을 받았을 것이
라 생각합니다. 보다 구체적인 속내를 드러내기 쉽도록, 묻는
사람이 설문 설계에 공을 들여야 한다는 것을 깨달았습니다.

이를 바탕으로 다음에는, "입사해서 지금까지 슬프거나, 싫었던 기억을 전부 쓰시오"라고 앙케이트 내용을 바꾸었습니다.

이 질문을 한 배경에는, 회사를 설립하고 나서 수 년간은 직원들의 이직률이 높았던 것이 사실이었습니다. 나아가 퇴직한 직원의 진짜 퇴직 사유를 파악해보았습니다. 본인에게는 직접 물어볼 수 없었기에, 주변 동료들에게 물어보았습니다.

이렇게 해서 의견을 모아보니, 직원들이 언제 불만을 느끼고, 회사를 그만두는지를 이해하게 되었습니다. '상사와의 인간관계가 나쁘다', '열심히 노력해도 인정해주지 않는다', '중요한 정보를 자기에게만 알려주지 않는다', '고객의 클레임에 대응하기 바빠 일이 재미가 없다', '이 회사에 다녀도 자신이 성장할 것 같지 않다'는 것이 주요한 의견이었습니다.

한편, 이와 동시에 앙케이트가 아닌 생각지도 못했던 것에서 '직원을 행복하게 하는' 중대한 힌트를 발견했습니다. 당시, 대학 3학년생에게는 기업의 채용광고를 모두 모아 편집한 두꺼운 리쿠르트북recruit book이 제공되었습니다. 그것을 여기저기 넘겨보다 보니, 판매업, 서비스업에 종사하는 입사 3, 4년차 선배 직원들이 학생들에게 보내는 메시지 기사가 눈에 들어왔습니다. 거기에는 이렇게 쓰여 있었습니다.

"이 일을 하면서 좋았다고 느낀 것은 고객의 웃는 얼굴을 보았을 때. 고객으로부터 고맙다는 말을 들었을 때."

"고객으로부터 칭찬을 들었을 때 큰 보람을 느꼈습니다."

"고객이 고맙다고 하시면서 좋아하는 모습을 볼 때는 정말 기뻤습니다."

" '다음에 또 올게요' 라는 말을 들었을 때는, 이 일을 선택하길 잘했다는 생각이 들었습니다."

"자동차를 팔았을 때의 기쁨보다. 팔기 전후의 방문에 대해 와줘서 고맙다는 말을 들었을 때에 가장 기뻤다."

일할 맛이 난다는 젊은이들의 메시지를 본 저는 '바로 이거다!'라고 생각했습니다. '매일, 아침부터 저녁까지, 이 일을 하기를 잘했다고 생각되는 장면이 만들어지는 곳, 그런 회사를 만들면 되겠구나!'라고.

결국 고객에게 기쁨을 줌으로써, 직원들이 만족을 느끼는 회사를 만들면 되는 것입니다. 그러면 일에서 기쁨을 느낀 직원들이 고객을 접하게 되고, 고객에게 더 큰 기쁨을 줄 수 있는 것입니다. 이 선순환이 실현된다면 앙케이트에 있는 불만은 그 과정에서 자연스럽게 사라지고, 멋진 회사가 된다는 것을 깨달았습니다.

　사람은 누구나, 남에게 기쁨을 줄 때 자신도 기쁨을 느끼게 됩니다. 그리고 그것이 자신을 성장시킨다는 것도 알고 있습니다. 그러므로 직원의 행복을 진정으로 실현하고자 한다면, 고객이 만족하는지 아닌지를 알 수 있는 시스템을 만들고, 직원을 성장시키는 기회를 충분히 제공해야 합니다. 이것이 경영자의 가장 중요한 일이라고 저는 생각합니다.

스스로 생각하고, 발언하고,
행동하고, 반성한다

인간은 스스로 생각하고, 발언하고, 행동하고, 반성하는 사이클을 통해 성장해갑니다. 그래서 우리회사에서는, 이벤트를 비롯한 사내의 다양한 시책을 입안, 실행하는 프로젝트팀을 만들고, 직원들이 참여하여 운영하도록 하고 있습니다. 프로젝트의 테마는 우리회사가 중시하는 과제의 거의 전부입니다.

참여는 자유의사에 따르며, 베테랑이든 신입직원이든, 영업직원이든 엔지니어이든, 그 테마에 관심이 있는 사람이라면 누구나 가능합니다. 자발적인 참여를 중시하고, 어떠한 발언도 또한 가능합니다. 커리어나 담당업무의 틀을 넘어서 지혜를 모으고, 협동하여 문제해결에 참여하면서 개인의 성장이나 팀워크의 형성, 조직의 활성화가 일어나도록 하고 있습니다.

프로젝트팀의 미팅에는, 간부직원은 기본적으로 참석하지 않습니다. 경영자나 간부가 있으면, 멤버들이 그들의 안색을 살필 우려가 있기 때문입니다.

물론 프로젝트팀이 결정한 사항에 대해 제가 브레이크를 거는 일도 없고, 그대로 실행하되, 잘 되지 않았을 때는 반성하고, 다시 새로운 도전을 하도록 하고 있습니다. '이건 잘 안 될지도 몰라'라는 생각이 들어도 상사는 일부러 입을 다물고 있습니다.

자율성이 없으면 직원들의 의욕과 동기는 높아지지 않습니다.

참가하기만 해서는 안 됩니다. 참여해야 합니다. 참가와 참여의 차이는, 참여에는 자율성이 있지만, 참가는 그저 거기에 있을 뿐입니다. 회의가 있을 때 자리를 차지하고 있는 것이 참가입니다. 실제로 일을 할 때도 자신의 생각이 없이 그저 시키는 대로 하는 것은 참가입니다. 요는, 능동적인 것이 참여요, 수동적인 것이 참가라고 보는 것입니다.

사람을 움직이게 하는 모티베이션은 외부에서 높이거나 낮출 수 있는 것이 아닙니다. 그 사람의 내부에서 끓어오는 것이라야 한다고 생각합니다. "성과를 내면 월급을 높일 수 있다. 그래서 사람은 의욕을 보인다. 그러니 외부로부터의 자극으로도 모티베이션을 높일 수 있는 것이 아닌가"라고 말하는 이도 있을 것입니다. 확실히 그런 것도 단기적으로는 가능합니다.

　그러나 그것을 계속하는 동안에 진정한 모티베이션은 오히려 사라집니다. 오히려 외부로부터의 동기 부여, 자극이 없으면 움직이지 않는 로봇과 같은 존재가 될 위험성조차 있습니다. 게다가 그렇게 자극된 '동기'는 쉽게 식어버립니다.

　그러나 스스로 생각하고, 발언하고, 행동하고, 반성하는, 이 사이클에서 샘솟는 모티베이션은, 그리 쉽게 식지 않습니다. 따라서 좋은 회사를 만들기 위해서는, 직원들의 자율성을 무엇보다도 중요하게 여기는 시스템이 필요합니다.

회사를 직원들이
성장하는 장으로 만든다

넷츠토요타난고쿠는, 자동차 딜러회사로서는 상당히 이단
아異端兒의 길을 걸어왔습니다. 창업 당시부터 '매출 제일'의 길
을 선택하지 않았기 때문이지요. 그래서인지 초기부터 고객을
모으는 능력이 좋아서, 설립 3년째인 1983년 상반기에는 '이
벤트' 및 '일요일 내방객수' 부문에서, 토요타자동차 비스타
계열 딜러회사들 가운데 1등을 하게 되었습니다.(당시에나 지금이
나 일본 내에 토요타자동차 딜러회사는 판매하는 자동차 브랜드에 따라 몇 개의
계열로 나뉘며, 모두 합해 수백 개의 딜러회사가 활동하고 있음. 현재는 총 5개 계
열, 300여 개의 딜러회사가 있음─옮긴이)

또, 같은 해 4월에 개최된 '비스타점 정비기능 콩쿠르'에서

당시 20세와 22세의 직원들이 전국 3위에 입상했습니다. 시코쿠 지역에서는 과거 10년 이상 전국대회 입상자가 없었던 탓에 이것은 쾌거라고 할 수 있었습니다.

하지만 실적이 그다지 좋지 않았기 때문에 토요타자동차로부터 '중점관리 대상 딜러'로 낙인 찍히는 상황이기도 했습니다. 그러나 저는 초조해하지 않았습니다. 우리가 취급하는 상품은 토요타의 우수한 자동차이고, 우리들과 같은 영업방식이 성과를 내는 데는 시간이 필요하다고 처음부터 예상하고 있었기 때문입니다. 오히려 두려운 것은, 토요타자동차라는 좋은 상품 덕분에 매출이 마구 늘어나는 상황이라고 저는 생각했습니다.

저는 단기간에 규모를 확대하고, 매출만을 늘려가는 기업은 장기적으로는 위험하다고 생각합니다. 이것은 앞에서 말한 도깨비와 방망이의 관계로 생각해본다면, 가장 위약한 '작은 도깨비가 큰 방망이를 든 상태'입니다.

질이 높은 성장을 위해서는, 한 사람 한 사람의 직원이나 조직의 팀워크, 고객과의 신뢰관계 등이 매출 신장과 함께 더불어 성장하지 않으면 안 됩니다. '실적이라는 결과만이 늘어나는 것이 아니라, 모든 역량을 동시에 성장시키고 싶다. 거기에 는 시간이 필요할 것이다'라고 저는 생각했습니다.

그래서 저는, 다음 세 가지가 모순 없이, 상호 연동해서 상 승 효과를 낼 수 있는 조직을 만들고자 마음먹었습니다.

1. 누구도 행복을 느끼지 못하는 방문판매 영업을 중지하고, 거기서 아긴 시간을 애프터 팔로우로 돌려 고객을 만족시키자.
2. 직원간 경쟁을 폐지하고, 팀워크를 발휘하여 질 높은 서비스를 제 공하자.
3. 직원이 크리에이터로서 활약하고, 고객을 즐겁게 만드는 아이디 어를 창출하자.

자동차 딜러 업계에서 '이단아'와 같은 이런 조치는, 영업적 으로는 고객의 만족을 높이고 신뢰관계를 구축하기 위한 것입 니다만, 경영적으로는 직원들이 일에서 기쁨을 느끼고 일을 통 해 성장하도록 한다는 목적이 있습니다. 그리고 한 사람 한 사 람의 직원들이 성장하면, 회사 전체의 성장으로 이어집니다. 이것이야말로 '커다란 도깨비가 커다란 방망이'를 쥔 상황입 니다. '직원, 고객, 회사가 모두 원원-관계로 맺어진다', 여기에는 어떤 모순도 존재하지 않습니다.

　"모두가 윈윈-관계로 맺어진다는 것이 그럴듯한 말이기는 하지만, 직원들은 간단히 성장하지 않을 뿐만 아니라, 직원들을 서로 경쟁시키지 않으면 사교클럽이 되어버린다"고 반론을 제기하는 이도 있을 것입니다. 물론 그렇게 될지도 모릅니다. 하지만 그렇기 때문에 우리는 처음부터 인재 채용을 중시하고, 적당히 타협하지 않고 자신을 경영할 수 있는 젊은 인력을 확보하는 데 전력을 다해 온 것입니다.

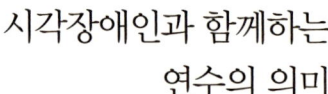

시각장애인과 함께하는
연수의 의미

우리회사에서는, 신입직원 연수의 일환으로서, '배리어 프리barrier free 순례 클럽'에 참여하도록 합니다. 이것은 시각장애인들과 함께 4일간 시코쿠에 있는 홍법대사의 유적지 88곳을 순례하는 여행입니다. 이 체험은 신입직원들에게 대단히 많은 각성의 기회를 제공합니다.

평소 우리는 아무렇지도 않게 시각에 의존한 생활을 하고 있습니다. 하지만 시력으로 얻을 수 있는 정보에 의존하지 않고 생활하는 분들에게는 독특한 감성이 있어서, 신입직원들은 함께 유적지를 돌아보고 손을 잡고 산책하는 동안에 다양한 놀라움과 감동을 받고, 저절로 감사의 마음이 넘쳐나는 경험을 하게 됩니다. 신입직원들은 이때 완전히 새로 태어나기도 합니다. 다른 상황에서도 이때의 체험이 도움 되는 경우가 많고, 순례여행에서 깨달은 것, 배운 것은 아마도 평생 잊을 수 없을 것입니다.

순례연수 중에 '아무것도 볼 수 없으니 불편하겠지' 하는 마음에 배려한다고 하는데, "그렇게 부축한 팔에 힘을 주지 않아도 괜찮아요. 대부분은 혼자서 할 수 있어요"라고 오히려 주의를 받는 경우도 있는 것 같습니다. "혼자 할 수 있습니다"라는 말을 듣고, '아, 그런가! 아무것도 보이지 않는 이들도 무엇이든 혼자서 하는데, 나는 그동안 너무 의존적이었구나' 하는 생각에 이르는 경우도 있습니다. 앞이 보이지 않는 이들이 느끼는 것을, 자신은 전혀 느끼지 못하고 있었다는 깨달음의 장면도 많이 있습니다. '볼 수 있기 때문에 반대로 보지 못한 것이 있다' 는 깨달음 말입니다.

순례연수 이야기를 하면, 많은 이들이 "장애를 가진 사람, 결국 사회적 약자에 대한 배려가 깊어지고, 공감력을 기를 수 있을 것 같은데, 그것을 목적으로 하는 것입니까?"하고 묻습니다. 물론 그런 측면도 있을 것입니다만, 오히려 신입직원들에게 '앞이 보이지 않는 사람들은, 신입직원 자신이 가지지 못한, 많은 것을 가지고 있다'는 통찰을 느끼게 해주는 것이 더 크다고 저는 대답합니다.

사실은 직원들이 시각장애인들에게 무언가를 주는 것은 거의 없는 셈이지요. 대개 순례에 참여하는 시각장애인들은 거의가 50대, 60대에 이르는 인생의 대선배임에 반해, 자신들은 나이도 어리고 경험도 적으니까요. 보이지 않는 분들과의 순례는 단순한 봉사활동이 아닙니다. 그러한 분들과 함께 행동하면서 자연스럽게 '만약 내가 시각장애인으로 태어났다면 어떤 인생이었을까' 하는 생각도 하겠지요. 그것이 인생에 대한 관심을 불러일으키는 것입니다.

인생에 대한 관심과 흥미를 느끼고, 인생에 대해 깊이 생각해보는 과정을 통해 직원들의 인간력이 높아집니다. 저는 성장한다고 하는 것은, 인간력이 높아지는 것이라고 생각합니다.

아무리 공부를 잘 하고 테스트에서 좋은 점수를 얻어도, 그것을 성장이라고는 생각하지 않습니다. 지식이 늘어난 것뿐입니다. 컴퓨터 속의 지식이 무진장으로 늘어났다고 해서, '이 컴퓨터는 엄청 성장했구나'라고는 하지 않듯이 말이죠. 그래

서 저는, 이 순례연수를 통해서 신입직원들이 인간력을 높일
수 있는 기회를 스스로 포착해서, 앞으로 크게 성장할 것을
기대하는 것입니다.

특공대원의 유서에서 배우는 것

  순례연수와는 별도로, 우리회사에서는 다른 연수의 일환으로 직원들을 특공평화기념관에 데리고 갑니다. 거기에는 특공대로 복무한 젊은이들이 작성한 유서를 얼마든지 읽을 수 있습니다. 예를 들면 다음과 같습니다.

  어머니를 그리며,

  어머니 건강하십니까?

  기나긴 세월, 정말로 고마웠습니다.

  제가 여섯 살 때부터 저를 키워주신 어머니,

  계모라고 흘겨보는 세상에서 당신 같은 분은 없었으니,

단 한 번의 사고도 없이

자애로써 키워주신 어머니,

감사한 어머니, 존경하는 어머니.

저는 행복했습니다.

입대할 때에라도 '어머니'라 불렀어야 했는데,

몇 번이나 용기를 내어 불러드리려 했는데,

저는 못난 자식이었습니다.

어머니 용서해주세요.

늘 가슴 한켠이 외로우셨겠지요.

이제야 큰 소리로 불러드립니다.

어머니, 어머니, 어머니라고.

　이렇게 가슴이 사무치는 유서들을 보게 되면, 마음이 먹먹
해집니다. 그리고는 인생에 대해 깊이 생각하고, '산다는 것
은 무엇인가?'라는 것에 관심을 가지게 됩니다. 인생에 대한
관심과 흥미가 끓어오르면 오를수록, 감사하는 마음이 넘쳐
나게 됩니다. 지금까지 자신을 길러준 사람, 도와준 사람, 사
이좋게 대해준 사람들……

감사의 마음을 갖는다는 것도 인간력입니다. 그것이 삼라만상, 자연에 대한 감사로 이어집니다.

사람은 언젠가는 죽음을 맞이하니까, 인생을 소중히 여기지 않으면 안 된다는 것은 누구나 아는 이치입니다. 하지만 좀처럼 실행하기는 어려운 것입니다.

"매출을 올려라", "이익을 내라"와 같이 당장의 과제 속에서 하루하루를 보내다가 정작 중요한 것을 잃어버린 것입니다. 그래서 우리는 살면서 보다 중요한 것이 있다는 것을 깨닫지 않으면 안 됩니다. 그것을 깨닫지 못하면 일하는 재미, 사는 재미도 느끼지 못하는 것입니다.

'사람은 언젠가 반드시 죽는다. 그렇기 때문에 자신의 인생을 소홀히 대하면 안 된다. 이렇게 중요한 것을 직원들이 직접 느끼고, 일하는 재미와 사는 재미를 만끽하도록 하고 싶다.' 그런 환경을 만드는 것이, 경영자의 가장 중요한 일이라고 저는 생각합니다. 순례연수나 특공평화기념관 참관은 이것을 위한 중요한 체험인 것입니다.

지시와 명령은
일체 하지 않는다

우리회사에서는, 신입직원 시절 이외에는 집합교육이 거의 없습니다. 그보다는 아무것도 아닌 것처럼 보이는 일상 업무 속에서, 직원들 자신이 '문제를 발견하고, 해결하는' 프로세스를, 스스로 체득해가는 것을 중요하게 여깁니다. 우리회사의 경우, 인재를 육성하는 방법으로서 중시하고 있는 것은, '직원에의 권한위임'과 '프로젝트팀의 운영'입니다.

일반회사에는 결재업무가 있습니다. 무언가 의사결정을 할 때에 상사에게 결재를 올리고 사인을 받는 것입니다만, 우리회사에는 그런 절차는 일체 없습니다. 권한위임된 개개의 스태프가 스스로 생각하고, 행동을 선택해갑니다. '지시-명령'의 톱다운형 매니지먼트와는 정반대의 스타일입니다. 이 시스템이 잘 기능하도록 하기 위해, 저는 의식적으로 '상사는 부하직원을 가르치지 않는다', '상명하달하지 않는다'는 문화를 만들어왔습니다.

상사가 아니라 선배 직원인 경우에는 "그게 아니라, 이게 아닐까"하는 정도의 어드바이스나 지도를 해도 상관없습니다. 그러나 상사가 되면 부하직원의 행동을 아무 말 없이 지켜봐주지 않으면 안 됩니다. 이것은 우리회사가 강력한 의지를 가지고 지켜온 하나의 약속이기도 합니다.

"쇼룸의 레이아웃 변경 건입니다만, 이 두 가지 중에 어느 것으로 할까요?"

만약 부하직원이 저에게 이렇게 물어온다면 저는 이렇게 대답합니다.

"쇼룸 담당부서는 당신들 팀이니, 당신들이 결정하면 돼요."

직원들의 입장에서 보면 상당히 중요한 문제일지라도, 자신들이 결정하고 이를 실행하게 됩니다. 당연히 실패도 하게 됩니다만, 그것이 좋은 학습의 기회가 되는 것입니다. 부하직원에게 지시, 명령하는 대신에 저나 간부직원은 부하직원에게 자주 질문을 던지고 있습니다.

"더 좋은 방법은 없을까?"

"왜 이 방법을 택한 거야?"

상사가 명령을 하는 것이 결과는 빨리 나오겠지만, 그래서는 '생각한다-발언한다-행동한다-반성한다'는 프로세스를 통한 부하직원의 성장 기회를 빼앗는 것이 됩니다. 역으로 상사의 업무를 더욱 더 부하직원에게 내려주면, 부하직원의 의식 수준이 올라가고, 성장의 속도도 빨라집니다.

"그런 경영방식을 택하면 겁나지 않으세요?"라는 질문을 자주 받습니다. 분명 권한위임에는 리스크도 따릅니다만, 조금씩 주다 보면 할 수 있게 됩니다. 권한위임 없이는 사람이 보람을 느낄 수 없습니다. 이런 선택에는 용기가 필요하다고 생각합니다.

지금까지 상사가 부하직원에게 세세히 지시를 했다면, 이제부터는 그러지 말고, "당신이라면 어떻게 할래요?"라고 물으면 됩니다. 만약 부하직원의 생각이 잘못 되었다 하더라도 큰 문제가 발생하지 않는 한, 가능하면 부하직원의 판단에 맡겨보는 것입니다. 그러면 부하직원은 이렇게 생각하게 됩니다.

'내 생각은 정말로 맞는 것일까. 혹시 상사는 더 좋은 아이디어를 가지고 있는 것이 아닐까?'

결국 이전보다 더 진지해지는 것입니다. 진중하게 생각하고, 최종적으로 자신의 생각대로 실행한 후에도, '이것이 정말로 잘한 것일까'하고 다시 한 번 깊이 생각해보게 됩니다. 그리고 실패했다면 '왜 내가 잘못한 것일까'하고 더욱 깊이 생각하게 됩니다.

이런 일련의 과정이 모두 본인의 성장으로 이어집니다.

가르침이 없는 교육은 상사의 인내를 요할 뿐만 아니라, 익숙하지 않은 신입직원에게도 괴로운 일이라고 생각합니다. 모르는 것을 그 자리에서 알려주는 것이 훨씬 좋겠지요. 그러나 6개월도 안 되는 동안에, '알려주지 않기 때문에 주체성이 길러지고, 지시를 받아 하는 것보다 훨씬 보람이 크다'는 것을 인정합니다.

저도 이전에는 꼬치꼬치 간섭하는 성격이었습니다. 그러나 지금은 그런 것에 신경을 쓴다고 해도 방법이 없다는 것을 차차 알게 되었습니다.

상사인 우리들은 항상 선택을 강요당합니다. 그것은 당장 지시를 통해 눈앞의 상황에 대한 조치를 할 것인가, 아니면

직원들의 성장을 위해 입을 다물 것인가에 대한 선택도 마찬
가지입니다. 우리회사는 대부분의 경우, 후자를 선택합니다.

　세세한 업무방식이나 성과보다 더 중요한 것이 있습니다.
그것은 사람의 성장입니다. 이 점을 이해할 수 있으면, 부하
직원에의 권한위임을 두려워할 이유가 없습니다.

팀워크는 프로젝트로 활성화한다

우리회사에는 부문의 벽을 넘어선 프로젝트팀이 많이 있습니다. 'CS^{Customer Service} 추진 프로젝트', 'C2^{Customer Contact} 프로젝트' 등 다양한 프로젝트가 운영되고 있으며, 직원들은 자신이 참여할 프로젝트를 스스로 선택할 수 있습니다. 직원들의 자율성을 키우기 위해, 앞서 말한 바와 같이 간부직원은 참여할 수 없습니다.

참여하는 방식 중 가장 많은 것은, 한 사람이 2~3개의 프로젝트에 참여하는 경우입니다. 정식 팀멤버가 아니라도 회의에 누구나 참석하여 발언할 수 있고, 그 발언도 멤버의 것과 동등하게 취급되는 것도 하나의 특징입니다.

프로젝트팀에서 논의하는 테마는, 주로 일상적인 업무 가운데 발생한 문제의 개선입니다. 예를 들면, '고객관리 카드의 완성도가 떨어지는데, 정착시키려면 어떻게 하면 좋은가?' 와 같은 것으로, 모두가 납득할 때까지 시간을 들여 논의하고, 만장일치로 의사결정을 하는 것이 원칙입니다. 상사가 스피디하게 결론을 내거나, 다수결로 판단하는 일은 없습니다.

"너무 느린 것 아닙니까?"
"시간이 아깝지 않나요?"
많은 분들이 제게 이런 질문들을 하십니다.
실제로 답답할 정도로 시간도 많이 걸립니다만, 이 방식에는 그런 약점을 상쇄하고도 남는 효과가 있습니다. 가장 큰 메리트는 '커미트먼트 효과 committment effect' 즉, 능동적인 공약이 탄생한다는 것입니다. 프로젝트팀에서는 입장이나 경력에 관계없이 참가자 전원이 의견을 표명하고, 전원이 납득한 위에서 의사결정을 해갑니다. 이 프로세스를 통해서 직원들 각자에게 '회사의 의사결정에 자신도 참여했다'는 의식이 생기고, 정해진 약속을 달성하고자 하는 의욕이 높아지는 것입니다.
게다가 프로젝트팀의 활동은, 직원들의 성장에도 대단히 큰 역할을 합니다. 돌아서 가는 것처럼 보여도, 서두르지 않고 결론을 내리고 자신들의 힘으로 여러 가지 과제를 발견하며, 논의를 진행합니다. 자신의 의견을 표명함과 동시에 다른 사람의 이야기를 들으며 아이디어를 다각적으로 검토하여 최적이라고 생각되는 방법을 선택해 실행합니다. 이러한 경험을 축적함으로써 자율성과 책임감, 실행력, 리더십과 같은 능력을 종합적으로 기를 수 있는 것입니다.

또, 영업, 관리, 서비스 등 부문간의 벽을 넘어서 각 프로젝트에 참여하기 때문에, 자신의 입장 이외의 직원들과의 인간관계가 싹트고, 다른 부문의 업무내용이나 고충을 이해할 수 있게 됩니다. 이러한 인간관계가 생기면, 서로의 수고와 낭비를 줄이려는 의식과 더불어 전사적인 팀워크가 향상되는 것입니다.

'위임된 프로젝트팀제'는 멤버들이 익숙해지기 전까지는 애가 타는 일이 있을지도 모릅니다만, 조직에 상상 이상의 플러스를 안겨주는 것만은 분명합니다.

전 직원을 경영자로 만드는
'프로젝트팀'

우리회사의 여러 프로젝트팀 중에, 'ICD Intellectual Capital Development' 라는 프로젝트가 있습니다. 직역하자면 지적자산개발이라고 할 수 있겠지요. 이것은 사실상의 경영회의에 해당합니다.

ICD프로젝트의 회합은 매달 1회 이루어지는데, 다른 프로젝트와 마찬가지로 경력이나 소속, 지위와 상관없이 희망하는 사람은 누구나 참여 가능합니다. 회사 경영에 참여할 수 있는 장이기도 하고, 회사에 도움이 되는 것이라면 무엇이든 자신들이 결정해도 좋다는 원칙 하에 운영됩니다.

여기서 결정된 사항은 사내에 보고되고, 직원들에 의해 실행에 옮겨집니다. 물론 제게 하는 보고 등은 필요치 않습니다. 보고를 의무화하면 권한위임도 아니거니와 모처럼 부여한 자율성을 섬어내는 일이 되기 때문입니다.

경영회의라고 하면 일반 기업에서는 부장 이상, 혹은 임원이 모여 회의를 합니다만, 우리회사에서는 일반직원들이 모여 논의하는 것입니다. 아마 많은 경영자들께서는 기업의 중대사를 결정하고 논의하는 자리에 왜 간부직원이 아닌 일반직원이 참여하게 하는지 의구심이 생길 것 같습니다. 지금부터 왜 제가 ICD 프로젝트를 운영하고, 적극 독려하는지 말씀드리겠습니다.

ICD프로젝트에서는, '스태프 의견판'에 투고된 직원들의 의견이나 고객의 소리 ^{VOC, Voice of Customers}를 출발점으로 놓고 논의를 시작합니다. '스태프 의견판'이란 사내 여기저기에 회수박스를 설치하여 직원들의 의견이나 제안, 업무 가운데 느낀 점 등을 투고할 수 있도록 하고, 그것을 스태프 전용 출입구에 설치한 게시판에 내용을 게시하여 공유하는 방식입니다.

직원들이나 고객의 소리로부터 경영회의가 시작되는 회사는 매우 드물지도 모릅니다. 하지만, 우리회사는 '직원만족을 위해 고객만족을 추구한다'는 이념을 가진 회사이므로, 이것

140

이 당연한 것입니다.

"경영회의의 주도권을 직원들에게 부여한 끝에, 직원들이 자기들의 입맛에 맞게만 의사결정이 이루어지면 어떻게 합니까?"하는 질문을 하는 분들도 있습니다. 그러나 우리회사는 직원들이 모여서 중요한 테마를 논의하는 가운데, 명백히 이상한 주장을 하는 사람이 있으면, '수준이 낮은 직원이 있다'는 문제가 겉으로 드러난 것으로 받아들입니다.

'그 직원은 단순히 시야가 좁은 것인가', '공부가 부족한 것인가', '그것도 아니라면 자기중심적인 것인가' 등 어디에 문제가 있는가를 파악해 그것의 해결방법을 고민합니다. 결국 경영회의는 문제 발견의 장이 되기도 합니다. 다만 실제로는 ICD프로젝트에는 경영자 의식이 강한 직원들이 주로 참여하기 때문에 그러한 문제는 거의 발생하지 않습니다.

ICD프로젝트는 말하자면 '전 직원을 경영자로 만들기 위한 시도'라고 할 수 있습니다. 전 직원이 경영자라면, 주인의식을 가진 사람들끼리 모여서 서로를 절차탁마해갈 것이기 때문에 그 회사는 분명히 잘 될 것입니다. 경영자라면 누구나 이 점을 이해할 수 있습니다. 그렇다면 직원들이 회사 경영에 참여할 수 있는 장을 만들어야 한다는 것은 너무나도 당연한 것이 아닐까요?

ICD프로젝트를 지켜보고 있노라면, 미래의 경영자나 간부 직원이 잘 자라고 있다는 생각에 마음이 흐뭇해짐을 느낍니다.

직원을 탓하지 않는다

실적 부진의 원인을, 간부직원이나 부하직원의 탓이라고 생각하는 경영자가 많습니다. 하지만 이익이 나지 않는 것이 정말로 그들의 잘못일까요?

이전에 알고 지내던 한 경영자가, "우리회사는 젊은 직원들은 아주 좋은 친구들이 많은데, 간부들 중에 문제가 많아요"라고 말하는 것을 들었습니다. 저는 순간적으로 무슨 말을 하는지 의미를 파악하지 못하고 잠시 생각하다가, "사장으로 취임하신지 얼마나 되었습니까?"하고 물었습니다. 그랬더니 그 경영자는 "벌써 20년이 넘어갑니다"고 답하더군요.

그렇다면 문제는 간부직원들에게 있는 것이 아니라, 경영

143

자에게 있는 것이 아닐까요? 20년씩이나 사장을 맡아 하면서, 현재의 '문제 있는(?)' 간부들을 발탁하고, 기른 것은 바로 사장 자신일 테니까요. 따라서 경영자 자신이 간부직원들을 부정하면서, 나아가 '젊은 직원들은 좋은 인재가 많다'고 하는 것은 어불성설입니다. 그 사장은 부족한 간부직원을 등용한 장본인이 자신이라는 것을 전혀 모르고 있는 것이 아닐런지요.

이와 비슷한 이야기가 하나 더 있습니다.

"신입직원을 절대 안 뽑습니다. 채용은 경력직만 실시하고 있습니다"라는 사장이 있었습니다. 우리회사와는 정반대의 생각을 가진 분입니다. 친한 관계였기에, 저는 생각한 것을 솔직히 이야기했습니다.

"그렇다면 당신네 회사는 신입직원으로 좋은 인재를 뽑을 능력이 없든가, 신입직원을 뽑아서 성장시킬 능력이 없든가, 둘 중 하나의 이유로, 다른 회사가 길러놓은 사람을 중도 채용하면 된다는 것이네요. 하지만 그 경력직의 뛰어난 인재가 혹여나 신입시절에 당신 회사에 입사했더라면, 그 사람은 도대체 어찌 된다는 건가요?"

그 사장은 제 말의 의미를 이해하지 못하고, '무슨 소리지?'

하는 얼굴로 쳐다보고만 있었습니다.

 '다른 사람을 탓하지 않는다'는 것은, 대단히 어려운 일일지도 모릅니다. 많은 사람들이 무슨 일이든 남 탓을 하면서, 문제를 자신이 끌어안으려고 하지 않습니다. 왜냐하면 남 탓으로 돌리는 것이 편하기 때문입니다.

 자신의 언행에 의문을 던지고, 자신의 탓으로 돌리고 문제를 해결하는 것은 괴로운 작업이기도 합니다. 그러나 모든 것에 남 탓을 하고 있는 동안에는 자신이 변화할 수 없습니다. 그것은 결국 성장도, 진보도 없어진다는 것과 같은 말입니다.

전 직원이 선장으로서
전체최적을 꾀하는 회사

'부분최적'과 '전체최적'이라는 말이 있습니다.

'부분최적'이란, 어느 부문이나 프로젝트 등, '부분'의 최적화를 꾀하는 것입니다. 그와 달리 '전체최적'이라는 것은, 각 부분의 최적화만을 추구하다 보면 전체가 손해 보는 일이 있기 때문에, 우선 전체최적화를 고려한 뒤에 거기서부터 부분의 운영과 그 외의 것을 결정해가자는 생각입니다.

저는 직원들 전원이 경영자 감각을 가지기 위해서는, '부분최적'이 아니라, '전체최적'을 존중하는 조직으로 만드는 것이 중요하다고 생각합니다. 왜냐하면, 부분최적의 조직은, '나만 좋으면 된다'거나, '자신이 속한 부서의 실적만 올리면 된다'는 생각이 강해서, 개인주의나 부서 이기주의에 지배당하는 조직에 가깝기 때문입니다.

한편, 전체최적의 조직은 '어떻게 하면 회사 전체가 좋아질까?'라는 문제해결에 관해 경영자만이 아니라, 모든 직원들이 고민하고 그를 위해 팀워크를 발휘하는 조직입니다. 따라서 전체최적을 우선한 조직이 강한 조직이라고 저는 생각합니다.

예전에, 강연을 마친 뒤에 어느 제조업 경영자로부터 "최근 경기도 안 좋고 실적도 안 좋아서 그런지 직원들의 얼굴이 어두워서 걱정입니다. 어떻게 하면 좋을까요?"라는 질문을 받았습니다. 나는 반대로 이렇게 물었습니다.

"당신네 배가 순풍만선으로 항해하고 있었을 때는, 승조원들이 모두 밝고 의욕적이었습니다. 그러나 풍랑을 만나고 배가 침몰할지도 모르는 상황이 되니 모두들 의욕이 없어졌다는 말이군요. 왜 그런 것일까요?"

그는 아무런 대답을 하지 못했습니다. 그러나 그 경영자는 계속 고민하고 있었나 봅니다. 강연이 끝나고 이어진 간담회에서 내게 다가온 그는 "요코타 씨, 아까 그 말씀 잘 알았습니다"라고 깍듯이 인사를 하는 것입니다. 배를 예로 든 이야기를 듣고 깨달은 것입니다.

　나중에 이 이야기를 다른 경영자에게 했더니, "그게 무슨 뜻이지요?"하고 이해를 못하기에, "그것은 선장의 얼굴이 먼저 어두워졌기 때문이 아닐까요?" 라고 설명을 해준 적이 있습니다. 순풍항해를 하고 있을 때는 선장의 얼굴이 밝기 때문에 모두들 신이 나서 일할 수 있었지만, 불경기가 되니 선장의 눈앞이 캄캄해져서 얼굴색을 어둡게 하니 직원들도 표정이 어두워지고 의욕을 잃어버리게 된 것입니다.

　그리고 또 한 가지의 문제를 말하자면, 그 회사의 직원들은 승조원이 아니라 승객과 같은 상태였던 것입니다. 승조원들이라면 난관을 극복하고자 전력을 다할 것인데 반해, 승객들은 그저 겁먹은 얼굴로 누군가가 무언가를 해주기만을 기다리고 있겠지요. 직원들이 승객과 같은 상태라면 위기상황에서 의욕이 있을 리가 없겠지요.

　그리고 그 다음 날, 내 이야기를 들은 그 경영자로부터 메일이 도착했습니다.

　"어제 해주신 말씀을 오늘 조회에서 전 직원들에게 해주었습니다. '직원들은 승조원이어야지, 승객이어서는 안 된다'고 한마디 했습니다."

그 사장은 자랑스럽게 말했지만, 이것도 또한 오해입니다. 직원들을 승조원이 아닌 승객으로 만든 것이 누구냐고 한다면 바로 사장 자신이기 때문입니다. 그래놓고 '직원들은 승객이 어서는 안 된다'고 본인이 훈계를 늘어놓는 것은 잘못입니다.

그런데 이 모순에 대해 보통의 사장님들은 이해를 잘 못합니다. 결국, 사장조차도 승객인 줄을 자각하지 못하는 것이지요. 이래서는 배가 침몰할 수밖에 없습니다.

우리회사에서는 어느 부서의 누구나 참여할 수 있는 프로젝트팀이 회사를 운영하고 있기 때문에, 처음부터 승객이 누리는 여유가 없습니다. 나아가 프로젝트팀에 참여함으로써 전체최적의 가치관이 저절로 몸에 뱁니다. 그러는 가운데 하는 행동도 경영자와 다를 바가 없게 됩니다. 모두가 리더십을 발휘하는 선장이 되는 것입니다.

직원들의 보람이 전부다

'기업은 무엇을 위해 존재하는가' 하는 질문에 대한 저의 생각이 무엇이냐 하면, 첫째가 직원들과 그 가족의 행복을 위해, 그다음이 고객, 비즈니스 파트너의 행복을 위해서입니다. 그 사람들을 소중히 대하고자 해도, 적자인 상태에서는 아무것도 할 수 없기 때문에, 실적을 올리지 않으면 안 됩니다. 그래서 회사는 계속해서 이익을 내지 않으면 안 됩니다.

그러나 이 진의를 정말로 이해하고 행동하는 것은 대단히 어려운 일입니다. 제가 '직원과 그 가족의 행복이 제일'이라고 하면, "그렇군요. 그러면 직원들을 위해 무엇을 하면 좋습니까?"하고 물어오는 경영자는 매우 많습니다. 그리고 그 대부분의 사람들이 착각을 합니다.

　대개의 경영자들은 '직원들을 제일로 여기고, 그 다음에 고객, 그리고 실적을 세 번째로 중요하게 여기자는 생각으로 경영을 하면, 실적이 올라갈 것'이라고 생각하는 것입니다. 결국 그 경영자가 가장 중요하게 생각하는 것은, 바로 '실적'이라는 말이 됩니다. 결국, '직원을 중요하게 여긴다'는 것이 수단이 되어버리고, '실적을 올리고 싶으니까, 직원들을 가장 중요하게 여기자'고 생각하는 것입니다.

　'실적을 올리는 수단으로써, 직원을 소중히 대하자'는 것이라면, 그 경영자는 '실적 제일'이라는 생각에서 단 한 걸음도 빠져 나오지 못한 것과 같습니다. 그런데 이것을 모릅니다. 이야기를 나누다 보면 대개가 그렇습니다.

　좋은 회사를 만들기 위해서라면, 진심으로 '직원들을 소중히 여기자'고 생각하지 않으면 안 됩니다. '직원들과 그 가족을 행복하게 만든다'는 것이 목적이고, 실적이 그를 위한 목표가 되지 않으면 안 됩니다. 그 반대가 아닌 것입니다. 그런데 많은 경영자들은, 일상의 언행에서 그 순서를 곧잘 반대로 하고 있습니다.

　직원들의 소중함은 대개의 경영자들이 알고 있습니다. 그러니까, '모두의 생활을 나아지게 하고 싶다', '모두가 행복하게 만들고 싶다', '그렇기 때문에 이달의 매출을 올리지 않으면 안 된다'고 생각합니다. 그렇게 생각하는 순간, 눈 깜짝할 사이에 목표에 불과한 매출이 목적이 되어버리는 것입니다. '모두가 행복해지기 위해서는, 매출을 더 올리지 않으면 안 된다. 그러니까 분발해서 다소 무리를 해서라도 매출을 올려라' 하는 것입니다.

저는 다른 경영자들처럼 '이익을 많이 내면 급여를 올릴 수 있다. 급여를 올려주면 직원들이 행복해진다'고 생각하는 사람이 아닙니다. 물론 급여가 올라가면 조금 더 기분이 좋아지고 조금 더 행복해질 수는 있겠지요. 하지만 '급여가 많다는 것과 행복하다는 것이 반드시 정비례한다'고는 생각하지 않습니다.

그런 예는 주변에 얼마든지 있습니다. 이름만 대면 알법한 대기업에서 엄청난 연봉을 받으며 일하던 엘리트 직원이, 어느 날 일의 스트레스를 견디지 못하고 자살했다는 뉴스는 우리가 이미 여러 번 접했습니다. 그리고 로또에 당첨되어 하루아침에 엄청난 부자가 된 사람이 십 여 년이 흐른 후에 거지가 되어 있다거나, 돈 때문에 가족을 잃고 불행해졌다거나, 또는 도둑질을 일삼는 범죄자가 되었다는 뉴스도 우리는 접한 적이 있죠.

선진국과 비교해 물질적으로 풍요롭지 못한 삶을 살고 있는, 전 세계에서 가장 가난한 나라 중 하나인 부탄의 국민들은 90퍼센트 이상이 "자신은 행복하다"고 말한다고 합니다. 이는 행복의 크기와 물질, 즉 돈의 많고 적음이 반드시 정비례하지 않는다는 사실을 보여주는 증거가 아니겠습니까! 돈은 인간을 불행하게는 만들 수 있어도, 근본적으로 행복하게는 만들 수 없다고 생각합니다.

저는 일하는 사람들에게 행복이란 '일하는 보람' 그 자체가 가장 큰 요인이라고 생각합니다. 그리고 보람을 느끼는 순간은, 스스로가, 자신이 가지고 있는 인간력을 최대한으로 발휘했을 때입니다. 그러므로 직원들이 자신의 인간력을 전부 발휘하여 깊은 보람을 느낄 수 있도록 하는 구조를 만들고, 그 결과 매출이나 실적이 좋아지는 것이 본래의 순서입니다.

과정상의 보람을 무시하고 결과인 실적을 중시하는 것은, 직원들을 행복으로부터 멀어지게 하는 것임을 명심할 필요가 있습니다.

전 직원이 일하는 보람을 발견하고, 살 맛, 일할 맛을 느끼면 회사도 또한 생존력을 확보할 수 있는 존재가 될 수 있습니다.

○

3

○

책임 범위가 없는 환경에서 일하다 보면,
'스스로 일을 찾는' 자세가 자연스럽게 몸에 뱁니다.
서비스 담당 엔지니어라도, 설거지가 쌓여 있으면 솔선해서 하거나,
경리 담당자가 고객의 자동차를 세차하거나 하는 것도
일상적인 광경입니다.
조금 멋을 내서 이야기하자면, 우리회사의 서비스는
매뉴얼이 아니라 '기업문화'에 의해 운영되고 있는 것입니다.
쇼룸에서 일하는 직원들은, '어떻게 하면 고객을 더 만족시킬 것인가'를
매일 생각하면서, 서비스 개선에 노력하고 있는데요,
현장에서 전력을 다한 뒤에 반드시 미팅을 가지며
문제점을 서로 이야기하고, 담당자가 일지를 작성하여

'고객만족'에 대하여

기록하고 있습니다.
매일의 반성이 내일의 양식이 되는 것입니다.
매일 이루어지는 쇼룸 직원들의 미팅 주제는
'좀 더 잘 할 수 있지 않았을까?'입니다.
이 미팅 속에서 새로운 서비스가 탄생하는 경우도 있습니다.
고객에게 간단한 아침식사를 제공하는 모닝 서비스는,
지금은 우리회사의 명물이 되어 있습니다만,
이 아이디어도 여기서 탄생했습니다.
경영자가 "이렇게 하시오"라고 지시해서 시작하는 서비스가 아니라,
자신들이 고민하고 결정한 것이기 때문에 마음을 담아서 할 수 있는
것입니다.

서비스를 높이면
관계가 깊어진다

저는 창업 당시부터 매장의 수가 아니라, 매장의 질로 승부한다는 생각을 기본으로 사업을 해왔습니다. 이것은 코우치 시내에 있는 우리회사의 입지적 측면에서도 잘 맞는 전략이었습니다.

코우치현은 총 인구 약 80만 명 가운데 60퍼센트 정도가, 코우치시에서 자동차로 30분 이내 지역에서 살고 있습니다. 결국 코우치시에서 자동차로 부담 없이 갈 수 있을 만한 거리의 상권에 약 50만 명이 살고 있다는 것으로, '내점집객형來店集客形(영업사원이 외부로 나가서 판매하는 방문판매가 아니라, 고객이 매장으로 찾아오도록 하는 영업의 형태를 말함—옮긴이)' 매장을 만들기에 좋은 환경이었던 것입니다.

또한, 이 하나의 매장에서 서비스의 질을 높여 찾아주는 고객을 모으자는 생각은 시대의 흐름과도 맞아 떨어졌습니다.

현재 일본은 경제의 고도성장기가 끝나고, 버블경제의 붕괴기를 거쳐 장기 저성장기에 들어서 있습니다. 자동차의 교체주기도 길어져서, 버블시대에는 자동차 정기검진 시기에 맞춰 자동차를 바꾸던 사람도, 이젠 10년 가까이 같은 차를 타기도 합니다.

이러한 시대에는, 신차를 팔아서 이익을 올리자는 식의 경영은 유지될 수 없습니다. 10년에 한 번밖에 차를 사지 않는다면, 영업직원이 아무리 문지방이 닳도록 방문을 해도 소용이 없습니다. 100곳을 방문해도 문전박대를 당할 확률이 높을 것입니다.

그렇다면, 자동차를 구입해주신 고객에게 질 높은 애프터 팔로우를 제공하여 만족을 주고, 정비나 점검 등의 부대 서비스에서 이익을 올리는 비즈니스 모델을 구축하는 것이 합리적일 것입니다. 서비스 품질을 높임으로써, 많은 고객과 양호한 관계를 맺게 되면, 다음 교체시기에 우리회사에서 신차를 구매할 확률이 높아집니다. 혹시라도 가족이나 친지가 차를 살 때 소개를 해줄 수도 있습니다. 우리회사는 현재 단 세 곳의 매장만을 운영하고 있는데 여기에는 바로 이런 이유가 있기 때문입니다.

물론 이런 방법에도 리스크는 존재합니다. 수없이 많은 자동차 딜러회사 가운데서 하나의 매장을 선택하는 구조이기 때문에, 조금이라도 불만이 있으면 다시는 찾아오지 않습니다. 그러므로 질 높은 직원들이, 질 높은 서비스를 계속해서 제공할 필요가 있는 것입니다.

그러면 어떻게 하면 될까요? 이 과제는 그저 '회사가 당근과 채찍을 주고, 개개의 직원들이 열심히 해주면 실현할 수 있다'는 식의 단순한 일이 아닙니다. 역시 조직적 차원에서 모두가 지속적으로 서비스를 향상시키고, 고객과의 관계를 성숙시키기 위한 노력을 하는 것이 중요하다고 생각합니다.

○

고객은 가장 좋은 파트너

○

업계를 불문하고, 우리는 고객에게 다양한 서비스를 제공하고 있습니다. 그리고 제공한 서비스에 대해, 고객의 감상이나 의견, 요청을 받아 다시 보다 나은 서비스를 제공하기 위해 노력하는 것이 중요하다는 것은 말할 필요도 없습니다. 그래서 많은 기업들이 '고객 앙케이트'를 받고 있는 것입니다. 다만 생각날 때 한 번씩 실시하는 고객 앙케이트로는, 유익한 회답을 기대할 수 없습니다.

자신이 회답을 작성하는 입장에 서보면 쉽게 알 수 있습니다만, 회사가 요청하는 앙케이트에 시간을 들여서, 진지하게 회답해주는 고객은 그리 많지 않습니다. 대개는, 정성 들여 작

성해주어도 어차피 그리 쉽게 개선되지는 않을 것이라는 생각
에 누이 좋고 매부 좋다는 식의 답만을 하기 마련입니다. 그렇
기 때문에 정말로 소중한 고객의 소리를 얻기 위해서는, 자사
에 대한 고객의 신뢰나 기대감이 필요하다고 생각합니다.

　이 신뢰나 기대감은, 고객들이 '자신들의 요청이 무시되지
는 않을 것이다. 반드시 서비스로 피드백 될 것이다'라고 느
낌으로써 만들어집니다. 자신들의 목소리가 그 회사의 서비스
를 바꾸어간다는 것을 체감하는 것이 필요한 것입니다. 그러므
로 우리회사가 모든 고객에게 부탁드리는 '고객 앙케이트'의
서두에는, 경영자가 최선의 서비스를 제공할 것을 약속하는 선
언을 하고, 고객의 연락처나 가족관계 등의 개인정보를 제공받
도록 하고 있습니다. 또 '고객의 소리를 꼭 듣고 싶다'는 진심
을 평상시에도 전달함으로써, '고객은 우리회사의 파트너'라
는 자세를 자연스럽게 형성해두는 것도 중요합니다.
　이렇게 우리회사에서는 고객 앙케이트나 각종 이벤트 등 모
든 기회를 통해 '고객의 요청이나 의견을 들으려 한다'는 것
을 알리고, 고객을 '어드바이저 그룹advisers group'으로 만들고 있
습니다. 즉, 고객을 단순한 손님이 아니라 가장 좋은 파트너

로서 자리매김하도록 하는 것입니다.

'고객의 요청을 받아 그 의견을 존중하고, 고객과 함께 서비스의 질을 높여 서로가 함께 높은 만족을 공유하는 것, 서로에게 메리트가 있는 관계를 만드는 것'이 지금 시대의 기업에게는 필수적이라고 생각합니다.

트러블이야말로
직원이 성장할 수 있는 기회

고객에 대한 의식조사는, 우리회사 독자적인 조사 외에도 토요타자동차에서 실시하는 앙케이트가 있는데, 이는 수시로 진행되고 있습니다. 후자는 전체 토요타자동차 판매회사(약 300개 회사)에서 자동차를 구입한 직후 및 구입 후 3년이 된 고객을 대상으로 실시하는 것입니다.

이 조사에서 우리회사는, 단 한 개의 항목을 제외한 모든 항목에서 높은 점수를 받아 조사가 시작된 이래 지금까지 13년간 연속해서 고객만족도 1위를 기록하고 있습니다. 낮은 평가를 받은 한 개 항목이란, '점장이나 매니저가 인사를 했는가?'라는 항목입니다.

왜 이 항목의 점수가 낮을까요? 그것은 우리회사가 스태프에게 권한을 위임하는 것을 중시하여 매니저나 점장이 영업의 전면에 나서지 않기 때문입니다. 말하자면 회사 방침으로 인한 결과이므로, 전혀 문제시하지 않습니다. 실제로 관리직은 별로 고객과 이야기할 기회가 없고, 고객과 커뮤니케이션을 하는 것은 영업직원이나 쇼룸에서 일하는 직원 중심입니다.

트러블이나 클레임이 발생했을 경우에도 이 방침은 바뀌지 않습니다. 일반적으로는, 무슨 문제가 발생하면 점장이나 매니저가 나와 사과를 하는 것이 당연하다고 생각하고, 또 고객은 책임자에게 사과를 받으면서 화를 풀게 되는 측면도 있기 때문에 그것도 나쁘다고는 생각지 않습니다. 그러나 저는, 트러블 대응은 직원들이 성장할 수 있는 절호의 찬스라고 생각하기 때문에, 그 모처럼의 기회를 상사가 가로채서는 안 된다고 생각합니다. 그보다는 제1선에 있는 직원이 문제대응에 대한 프로세스를 경험하는 것이 재발 방지에도 좋고, 동시에 고객과 강력한 신뢰 관계를 구축하는 데도 좋다고 봅니다.

한편, 매니저는 뒤에서 백업하는 역할을 맡거나, 직원으로부터 활동 보고를 통해 클레임이 발생한 경위를 파악합니다.

또 내용에 따라 해당하는 부서만이 아니라, 전사적으로 정보를 공유합니다. 그리고 프로젝트팀에서 재발 방지 대책을 입안해가도록 보살피고 있습니다.

트러블이나 클레임에는 다양한 종류의 것이 있습니다만, 우리회사에서는 특히 고객의 '작은 불만'에 주목하도록 하고 있습니다. 자칫 놓치기 쉬운 작은 불만은, 바다에 떠 있는 빙산의 일각과 같은 것으로, 수면 아래에는 커다란 문제를 안고 있을지도 모르기 때문입니다.

우리회사에서는, 고객이나 비즈니스 파트너와의 대화에서 순간적으로 아무렇지도 않게 튀어나오는 작은 불만이나 요청을 직원들이 수집하여, '스태프 의견판'에 투고함으로써 모두가 공유합니다.

이렇게 함으로써 엔지니어에 대한 작은 불만을 영업직원이, 혹은 영업직원에 대한 불만을 쇼룸 담당 직원이 취합하여 전달해주는 상호간의 팔로우가 가능하게 됩니다. 이렇게 수집된 '작은 불만'은 실제로 발생한 트러블과 마찬가지로 취급해, 프로젝트팀에서 논의하여 해결방안을 찾고 실행하게 됩니다.

문제해결이
감동 서비스로 이어진다

서비스에는 '만족을 제공하는 서비스'와 '감동을 제공하는 서비스'가 있습니다. 물론, 감동을 제공하는 서비스가 몇 단계 위입니다. 왜냐하면 만족은 무언가와 비교를 통해서 얻어지는 상대적인 것임과 동시에 쉽게 잊혀지는 것이기 때문입니다.

예를 들면, 상품에 사은품을 함께 준다고 합시다.

처음에 사은품을 받은 고객은 없었을 때보다는 만족을 표시합니다. 그러나 몇 번 사은품을 받게 되면 으레 그것이 당연한 것인 양 여기게 될 뿐 아니라, 사은품을 없애면 되레 불쾌하게 생각합니다. 가격인하도 마찬가지로, 만족에는 '길들

여짐'이 동반되는 것입니다.

한편 감동은 단 한 번만의 체험으로도 고객에게 깊이 기억되고 언제까지나 좋은 인상을 남깁니다.

만족과 감동의 차이는, '예측가능한가, 아닌가'에 있습니다. 고객은 상품이나 서비스를 구매할 때, '이러한 서비스를 받게 될 거야' 혹은 '이 정도는 깎아주겠지'라고 예측을 합니다. 그리고 예측한 대로의 서비스를 받으면 만족합니다. 그때 고객의 예측을 넘어선 서비스를 제공하면 어떻게 될까요? 그러면 고객은 '이 정도까지 해줄 줄이야!' 하고 감동하리라고 저는 생각했었습니다. 그러나 이것은 감동이 아니라 '매우 만족'임을 알게 되었습니다.

그렇다면 감동이라는 것은 어떠한 마음의 변화인 것일까요? 넷츠토요타난고쿠가 조금씩 주목을 받기 시작했을 무렵의 이야기입니다. 멀리서 견학을 온 분으로부터 "당신들 회사는 다른 곳과 완전히 다르네요"라고 칭찬을 받았습니다. 개중에는 방문해서 10분도 안 되었는데 그런 감상을 이야기합니다. 그때 저는 분명히 '만족을 넘어 감동을 하고 있구나!' 라고 느꼈습니다.

그때 저는 고객이 어떤 차이를 느끼고 감동받는가를 가능한 한 상세히 인터뷰를 했습니다. 그런데 거기에는 아무것도 특별한 차별점은 없었습니다. 조금 심하게 말하자면, 다른 곳보다 정말로 조금 더 '신속'하고, 조금 더 '정중'하고, '세심하게 배려하고', '친절'하게 대응하고 있다는 것 뿐이었습니다. 이어서 제가 스스로 납득한 것은 다음 두 마디의 말 때문이었습니다.

"직원들이 웃는 모습이 참 좋아요."

"모두 자발적인 태도인 것 같아요."

'그랬구나! 내부에서 끓어오르는 서비스 정신을 바탕으로 보람을 갖고 일하는 사람들이 고객을 감동시키는구나!' 라는 사실을 이때 깨달았습니다.

고객만족도 넘버원의 서비스

서비스의 질적 향상에 한계는 없고, 우리회사도 아직 부족한 부분이 있습니다만, 여기서 참고로 고객에 대한 우리회사의 서비스를 소개하고자 합니다.

거의 모든 고객이 놀라는 것은, 매장에 들어설 때 아무 말도 안 했는데, 자신의 이름을 불러주었을 때입니다. 많은 고객들이 이 서비스에 "감동했다"고 말합니다. 물론 여기에는 우리회사만의 시스템이 있습니다.

우선 고객의 차가 매장 부지에 들어서면, 입구에 가까이 대기하고 있는 직원이 바로 차량번호를 바탕으로 검색을 합니다. 그리고 즉시 고객이 누구인지, 어떤 일로 방문한 것인지를 무선으로 쇼룸 내의 직원에게 알려줍니다. 그와 동시에, 인력이 허락되는 한 가급적이면 두 사람의 직원이 고객을 맞으러 뛰어나갑니다.

"○○ 선생님, 어서 오십시오! 오늘은 엔진오일 교환하러 오셨지요? 감사합니다. 담당자인 ○○ 씨도 곧 이리로 올 것입니다."

고객정보를 무선으로 이미 확인했기 때문에, 맞이하러 나간 직원들이 고객의 이름을 부르며 인사할 수 있는 것입니다. 가급적 두 사람이 맞이하는 것은, 한 사람이 고객을 안으로 안내하고, 다른 한 사람이 고객의 차를 주차장으로 이동하기 위해서입니다. 고객이 자리에 앉으면, 쇼룸 직원이 음료 주문을 받습니다.

"○○ 선생님, 음료수 주문을 받겠습니다. 지난 번과 같은 아이스커피를 준비해드릴까요? 아니면 오늘은 다른 음료를 드시겠습니까?"

데이터베이스를 통해 그 고객이 이전에 어떤 음료를 마셨는지 알고 있기 때문에 할 수 있는 대응입니다.

고객이 음료수를 마실 때쯤, 담당자가 웃는 얼굴로 다가옵니다.

"○○ 선생님, 안녕하세요? 오래 기다리셨습니다. 바로 작업을 시작하도록 하겠습니다."

작업 내용에 따라서는 고객이 기다리는 시간이 길어지는 경우도 있는데, 그때는 쇼룸 직원이 다시 말을 겁니다.

"○○ 선생님, 오래 기다리게 해서 죄송합니다. 조금 더 시간이 걸릴 것 같은데, 저쪽 소파에 앉으시는 것이 편하실 것 같습니다. 잡지나 신문이라도 준비해드릴까요?"

쇼룸에서 일하는 직원들은 고객이 무료해하지는 않는지, 무언가 불편한 것은 없는지 등 매장 내의 고객 모두에게서 눈을 떼지 않습니다. 어린 아이들을 데리고 온 고객은 키즈 코너로 안내하고, 애니메이션 비디오를 보여주거나 장난감을 가지고 놀게 합니다. 본점의 키즈 코너는 원색의 쿠션으로 둘러싸인 공간이라 뛰거나 넘어져도 다칠 우려가 없습니다.

아사쿠라 태양점의 키즈 코너는 각이 없는 커다란 투명 플라스틱 상자 안에 마련되어 있습니다. 안전성뿐만 아니라 아이들이 내는 소리로 인해 다른 고객들이 불편해하지 않도록 배려했습니다. 또, 그 아이가 지난번에 본 비디오도 어디까지 보았는가를 데이터베이스로 관리하고 있기 때문에, 어떤 직원이 대응하더라도 '이어보기'가 가능합니다.

마침내 작업이 끝나면, 서비스 담당자가 고객에게, 차를 점검한 결과와 그날의 작업 내용을 보고합니다. 그동안 작업이 끝난 자동차는 직원이 손세차를 합니다. 돌아가실 때에도 물론 배웅을 합니다. 도로까지 나가서 고객이 마지막으로 백미러를 확인할 만한 타이밍에 고개를 숙여 인사를 합니다.

쇼룸 직원은 카운터에 있는 고객 리스트에 고객 귀가시간을 기록하고, 고객이 앉았던 자리를 치웁니다. 이것으로 방문한 고객 한 분에 대한 업무는 종료됩니다.

이러한, 마음이 담긴 일련의 프로세스를 항상 실행할 수 있기 때문에 우리회사의 고객들이, '고객만족도 넘버원'이라고 엄지손가락을 치켜드는 것이라고 생각합니다.

항상 '더 잘 할 수 있지 않았을까'를
생각한다

앞에서 우리회사의 기본적인 접객 프로세스를 설명했습니다만, 역시 최초의 감동 포인트는 방문했을 때 고객의 이름을 불러주는 것이라고 생각합니다.

오랜만에 방문한 매장 직원들이 자신의 이름을 불러주는 것을 듣고 기분이 나빠할 사람은 없습니다. 게다가 직원들이 반갑게 달려 나와 맞아주고, 이름을 불러주고, 안 보일 때까지 인사를 하며 배웅을 해준다면, '나를 기억하고 있어', '나를 소중히 여기는 구나' 하고 기분 좋게 돌아갈 것입니다.

그러나 여기서 오해해서는 안 될 것이 있습니다.

그러한 서비스가 형식적인 것이라면 오히려 안 좋은 인상을 줄 수 있다는 것입니다. '이렇게 해주면 고객은 '자신을 잘 대접해주는 구나'라고 느끼겠지'라는 계산이 앞서면, 고객은 신기하게도 그것을 눈치챕니다. 결국 아무리 프로세스가 완벽하더라도, 그것을 진심으로 하지 않으면 고객은 오히려 불편하게 느끼고, 감동하지도 않습니다.

누구라도 경험한 적이 있을 것이라고 생각합니다만, 내가 호감을 보여주면 상대방도 호감을 보여주는 법이고, 반감을 보이면 반감을 갖게 됩니다. 그런 반응은 인간이 아직 잃어버리지 않은 '동물적 감각'이라고 해도 좋을 것입니다.

그런데, '제대로 된 서비스를 하기 위해서는 매뉴얼이 필요하다'고 생각하는 분들이 많이 있습니다. 그러나 과연 그럴까요? 오히려 매뉴얼이라는 룰에 얽매이는 순간 그것은 진정한 서비스가 아닌 것이 되어버리지 않을까요?

일찍이 매장의 모든 점원들이 같은 말과 미소로 고객을 맞는 패스트푸드점의 매뉴얼이 화제가 된 적이 있습니다만, 정해진 패턴의 미소와 어투에 점점 위화감을 느끼는 사람들도 적지 않은 것 같습니다. 그런 패스트푸드점에서 일하는 아르바이트의 미소와 어투가, 감정의 스위치를 끈 로봇과 같이 보

였기 때문에 위화감을 느끼는 것이겠지요. 그렇게 생각하는
것노 무리는 아니라고 생각합니다.

　우리회사에는 매뉴얼이 없습니다. 형식이 아니라 마음에서
우러나오는 서비스를 제공하기 위하여, '마중은 누가 한다',
'배웅은 누가 한다'와 같은 룰이나 역할분담은 일부러 만들
지 않았습니다. 그 자리에 있는 사람들끼리 서로 눈짓을 나누
며 자발적으로 달려 나가는 것입니다. 접객의 역할분담이 정
해져 있지 않기 때문에 생기는 여러 가지 장점이 있습니다.
　예를 들면, 많은 회사에서 자기가 담당한 고객에 대해서는
잘 하다가도, 잘 모르는 고객에게는 소홀히 대응하는 경우를
볼 수 있습니다. 자신의 책임 범위를 넘어서는 일에 대해 주저
하거나 귀찮아하기 때문입니다. 하지만, 우리회사에서는 '자
기 담당이 아닌 고객에게는 120퍼센트의 정성으로 응대한다'
는 것을 항상 염두에 두고 있습니다. 잘 알지 못하는 고객일
수록 더욱 신경을 쓰는 것입니다.
　책임 범위가 없는 환경에서 일하다 보면, '스스로 일을 찾
는' 자세가 자연스럽게 몸에 뱁니다. 서비스 담당 엔지니어라
도, 설거지가 쌓여 있으면 솔선해서 하거나, 경리 담당자가 고

객의 자동차를 세차하거나 하는 것도 일상적인 광경입니다.

조금 멋을 내서 이야기하자면, 우리회사의 서비스는 매뉴얼이 아니라 '기업문화'에 의해 운영되고 있는 것입니다.

쇼룸에서 일하는 직원들은, '어떻게 하면 고객을 더 만족시킬 것인가'를 매일 생각하면서, 서비스 개선에 노력하고 있는데요, 현장에서 전력을 다한 뒤에 반드시 미팅을 가지며 문제점을 서로 이야기하고, 담당자가 일지를 작성하여 기록하고 있습니다. 매일의 반성이 내일의 양식이 되는 것입니다.

매일 이루어지는 쇼룸 직원들의 미팅 주제는 '좀 더 잘 할 수 있지 않았을까?'입니다. 이 미팅 속에서 새로운 서비스가 탄생하는 경우도 있습니다. 고객에게 간단한 아침식사를 제공하는 모닝 서비스는, 지금은 우리회사의 명물이 되어 있습니다만, 이 아이디어도 여기서 탄생했습니다.

경영자가 "이렇게 하시오"라고 지시해서 시작하는 서비스가 아니라, 자신들이 고민하고 결정한 것이기 때문에 마음을 담아서 할 수 있는 것입니다.

서비스에는 업종도 직종도 없다

　모든 일하는 사람들은, 일의 내용에 상관없이, 서비스 마인드를 가지고 있어야 하지 않을까요? 연구개발자든 기술자든 임원이든 누구나 세상에 도움이 되는 일, 공헌을 하고 싶다는 마음이 필요합니다. 우리회사에서는, 고객 응대는 영업직원이나 쇼룸에서 일하는 직원만의 일이 아닙니다.

　우리회사는, 서비스 부문을 '수리와 점검을 위한 부문'이 아니라 '기술로 고객에게 안전과 안심을 제공하는 부문'으로 규정하고 있습니다. 그러므로 엔지니어도 서비스 스태프로서 접객 업무를 담당하고 있는 것입니다.

　고객이 방문하는 것을 보면, 엔지니어도 밖으로 나가 쇼룸으로 안내를 하고, 작업이 끝나면 고객의 테이블에 가서 명함을 건네며 알기 쉽게 설명합니다. 정성 들여 작업을 마친 자동차를 그냥 넘겨주고 마는 것이 아니라, 엔지니어가 "차가 아주 길이 잘 들었네요"와 같은 한 마디 말과 함께 인도해주는 편이 고객도 더욱 기분이 좋을 것이라고 생각합니다. 고객에게 기계공학적 기술을 설명하는 것도, 중요한 서비스입니다.

혼히들 기술자는 말이 어눌하다고 합니다. 그러나 기술자들도 친구들이나 가족과는 이야기를 할 것이고, 쉬는 시간에는 동료들과 즐겁게 이야기를 나눕니다. 그렇게 생각해보면, 엔지니어도 훌륭한 접객이 가능한 것입니다.

그들도 고객에게 하고 싶은 이야기나 메시지가 있지 않을까요? 다만 아무래도 훈련이 필요합니다. 우리회사에서도 처음에는 엔지니어들이 고객들 앞에서면 긴장한 탓인지 생각만큼 대응을 잘 하지 못했습니다. 그래서 매일 아침 돌아가면서 '3분 스피치'를 하기로 하였습니다. 더불어 영업직원들이 자주 하는 바와 같이, 고객의 역할과 직원의 역할을 나누어 맡는 '롤플레잉' 연수도 도입하였습니다. 많은 시간이 걸렸습니다만, 몇 년에 걸쳐 연수를 진행한 결과 엔지니어도 긴장하지 않고 고객 응대를 할 수 있게 되었습니다.

우리가 엔지니어의 연수에 힘을 쏟은 부분은, 접객법만이 아니라 기술적인 애로에 대한 고객의 이야기를 제대로 끌어내는 방법과 작업의 결과를 잘 설명하는 방법이었습니다.

우선은 '듣는 힘'입니다.

서비스를 하는 직원과 고객 사이에 일어나는 이야기의 대부분은, 자동차 상태에 관한 상담입니다. 예를 들면, "주행시에 이상한 소리가 난다"라는 고객에게서 어떨 때에, 어디에서, 어떤 소리가 나는가에 대한 정보를 잘 이끌어내는 것이 중요합니다. 단순히 '소리가 난다'는 정보만으로는, 자동차를 분해하지 않는 한 원인을 찾기가 쉽지 않기 때문입니다.

그러나 '에어컨을 켜면 앞쪽에서 둔탁한 소리가 난다'는 것을 알면, 원인을 찾아내기가 그만큼 쉬워집니다. 그것이 '위잉 소리'라는 것을 알게 되면 공기압축기compressor의 벨트가 빠져 있는 것이라고 추정할 수 있습니다. 이처럼 엔지니어는 자동차 상태의 원인을 찾아내기 위해 '듣는 힘'이 필요합니다.

다음으로 '말하는 힘'입니다.

엔지니어는 전문용어를 남발하는 경향이 있기 때문에, 악

의는 없다 하더라도 고객이 못 알아듣는 상황이 벌어집니다. 또한 어느 측면에서는 '상세한 설명을 안 해주니 인정머리 없다'는 생각을 하게 되는 경우도 있습니다.

예를 들면, "브레이크가 잘 안 듣는 것 같다"고 말하는 고객의 자동차를 조사해보고 어디에도 이상이 없는 경우, 일반적인 엔지니어는 "아무 문제 없습니다"라고 대답할 것입니다. 그런데, 비록 그것이 사실이라 할지라도, 고객의 불안은 바로 사라지지 않습니다.

우리회사의 엔지니어들은, 차를 점검하는 동안에 고객에게 같은 차종의 다른 차를 시승하도록 해서 브레이크의 성능을 비교하게 합니다. 그리고 나서, "자세하게 조사를 해보았습니다만, 달리 이상한 점을 발견하지 못했습니다. 비교 시승을 해보시니 어떠셨습니까?"하고 묻습니다.

이렇게 대응을 하면 고객은 대체로 '내 기분 탓이었나 보다' 하고 납득하고, 만족해서 돌아갑니다.

또 자동차를 좋아하는 마니아 고객은, 영업 담당자보다도 엔지니어와 기술적인 이야기를 하기를 원합니다. 좋아하는 차를 직접 정비하는 고객이, 자신이 신경 쓰이는 부분이라든가 궁금한 점을 엔지니어에게 직접 물어보고 확인하고 싶은 것입니다. 전문적인 이야기를 하는 데는 아무래도 전문가와 직접 이야기를 하는 것이 좋겠지요.

"그렇게 전문적인 것까지 알고 계시네요!"

이런 감상을 솔직히 전달하면, 고객도 매우 기쁘게 생각합니다. 엔지니어라도 고객과 직접 대화하며 기쁨을 주거나 감사를 받거나 하면, 의욕이 생기는 것은 당연하겠지요.

'엔지니어들은 기계만 상대하면 된다'는 생각은, 엔지니어가 인간력을 갖춘 서비스맨으로 성장하는 것을 가로막는 것입니다. 또한 그런 생각은 '인간성 존중'이라는 우리회사의 이념에도 반하는 것입니다.

오늘의 1대보다
미래의 100대

우리회사는, 설립 당시부터 내점집객형 영업을 지향하였기 때문에 방문영업을 조기에 폐지하였습니다. 그렇게 하고 나니, '고객으로 하여금 어떻게 하면 쇼룸을 방문하도록 할 것인가', '어떻게 하면 고객이 스태프들과 매장에 친숙함을 느끼게 할 것인가'가 대단히 중요한 과제가 되었습니다.

그 타개책의 일환으로, 지금까지 많은 이벤트를 개최하였습니다. 예를 들면, 고객과 함께 산이나 바다로 여행을 가는 '패밀리카 오리엔티어링 family car orientiering'이나 화려한 퍼포먼스를 즐길 수 있는 '신차 발표회'등이 그것입니다.

우리회사의 이런 이벤트들은 기획 운영을 위한 전담 부서를 두고 개최하는 것이 아닙니다. 전 직원들의 자발적인 참여에 의한 것입니다. 평소에 쇼룸에서 전 직원들이 접객을 담당하는 것과 마찬가지로, 이벤트도 직원들 모두가 기획하고, 준비해가는 것입니다. 모두가 함께 참여하기 때문에 부서 이기주의에 빠지는 일은 결코 없습니다.

어느 이벤트에나 우리회사 서비스의 특징이 잘 드러나 있다고 생각합니다. 우리회사의 이벤트 및 서비스의 최대 특징은, '자동차 판매를 염두에 두지 않는다'는 것입니다. 모토는 "오늘의 1대보다 미래의 100대를!"입니다. 당장 눈앞의 한 대를 팔기보다는, 100명에게 우리회사의 존재를 알리고 호의적인 인상을 남기는 것이, 장기적으로 보면 유익한 것입니다.

이벤트는 우리회사의 존재를 알리기 위한 홍보 활동으로 보고 있습니다. 따라서 이벤트에서는 '자동차를 팔려는' 어떠한 시도도 하지 않습니다. 물건을 사야 할지도 모른다는 분위기가 주는 부담이 없다면, 고객들도 가벼운 마음으로 나가보자는 생각이 들 것이기 때문입니다.

회사 설립 초창기에, 이 방침을 적용한 '여름축제' 이벤트를 개최한 적이 있습니다.

"이번 주 토, 일요일은 차를 팔지 않습니다!"

이런 광고방송을 지역 텔레비전에 내보내어 고지를 한 후에, 회사에서 가장 잘 팔리는 자동차들로 대열을 만들어 시내를 달리면서 이벤트를 했습니다. 게다가 우리회사의 부지 안에는, 금붕어 잡기와 요요(아이들 장난감)뽑기, 타코야키(문어들이 풀빵) 등의 노점을 설치하고, 밤에는 불꽃놀이를 했습니다. 쇼룸에는 판매용 신차를 일체 전시하지 않고, 대신에 '토요타 2000GT'나 유럽의 고전 스포츠카 등 자동차 애호가들이 좋아할 만한 명차를 전시했습니다. 이벤트는 3일간 진행되었고, 내방객수는 1,571명이었습니다.

이렇게 우리가 개최했던 이벤트에 대한 설명을 하면, 견학 온 분으로부터 반드시 듣게 되는 질문이 있습니다.

"이것이 자동차 판매와 어떠한 관계가 있습니까?"

"이 이벤트를 통해 몇 대를 판매하였습니까?"

그에 대해 저는 웃으며 이렇게 대답합니다.

"이벤트 한 번 했다고 많이 팔릴 리가 없지요"라고요.

실제로 앞서 말한 '여름축제' 이벤트에서는 한 대의 차도 계약되지 않았습니다.

그러나 그것으로 좋은 것입니다. 우리들의 존재를 알릴뿐만 아니라, 고객들이 즐거운 시간을 만끽하도록 서비스를 제공하는 직원들 또한 충만함을 느낍니다. 눈앞의 한 대를 파는 것이 아니라, 함께 어우러질 수 있는 장을 많이 만드는 것이 훨씬 더 중요합니다.

'도대체 무슨 생각으로, 이러한 이벤트를 실시하고 있는가?' 그에 대한 대답은, 우리회사가 중시하는 것은, '자동차 판매 대수를 늘리는 것'이 아니라 '고객과 직원 모두가 만족과 감동을 얻는 것'이기 때문입니다. 다양한 이벤트에 참석하신 고객들이 잠시나마 즐거운 시간을 보내며 삶의 활력을 얻는다는 선순환을 만드는 것이 중요합니다.

최근 들어 직원만족에 대한 인식이 늘어나고 있습니다만, 실제로 세일즈와 상관없는 일에 많은 시간과 돈을 들여, 직원들이 만족을 얻을 수 있도록 기회를 제공하는 회사는 아직 많지 않습니다. '실적을 올리기 위해서는 고객만족도가 중요하고, 고객만족을 위해서는 직원만족이 중요하다'는 것이 고객만족, 직원만족에 관한 일반적인 생각이 아닌가 싶습니다.

그러나 그것은 반대입니다. '직원이 보람을 느끼며 정성을 다해 일을 하고 그래서 고객에게 만족과 감동을 제공하며, 또

한 좋아하는 고객의 그 모습을 보면서 직원들이 더욱 더 일할 의욕을 느끼고 그 결과로써 실적도 좋아진다', 그러한 구조와 순환을 만드는 것이야말로 진짜 중요하다고 생각합니다.

○

자신이 하고 싶지 않은 일은
직원들에게도 시키지 않는다

○

자동차 딜러 업계에서는 상식처럼 되어 있는 '방문판매'를 우리회사는 전혀 하지 않습니다. 이렇게 된 데는 다음과 같은 경위가 있습니다.

저는 자동차 딜러 사업을 시작하면서 업무를 파악하기 위해 영업현장을 돌아보았습니다. 이른바 방문판매입니다. 지도에 구역을 나누고 해당지역을 방문해서 전혀 모르는 사람의 집이나 사무실의 벨을 누릅니다. 개중에는 "네~"하면서 문을 열어주기도 합니다.

그러나 문을 열고 나온 사람은 제 모습을 본 순간부터, 예상 밖이라는 눈빛을 하다 시간이 흐르는 그 잠깐 동안에 점점 안 좋은 표정으로 변하면서, "무슨 일이시죠?"라고 내뱉듯이 말합니다. 그때 등을 타고 흘러내리는 식은땀의 감촉이 주는 불쾌함은 지금도 잊혀지지가 않습니다. 몇 곳을 더 방문해보아도, 방문판매에 대한 반응은 마찬가지였습니다.

이어서, '내가 이렇게 하고 싶지 않은 일을 직원들에게 시켜야만 하는 것일까?'하는 의문이 들었습니다. 방문판매 영업에 대한 소박한 의문이었습니다.

또 언젠가, 늘 성실한 태도로 열심히 일하는 직원임에도 전혀 실적이 오르지 않는 젊은 영업직원과 함께, 도대체 왜 그런 것인지 원인분석을 해본 적이 있습니다.

"자네가 차를 파는 일을 돕고 싶으니 같이 어떻게 하면 좋을지 생각해보세. 우선 자신의 담당구역의 지도에 차를 구입한 고객의 집은 붉은색, 계속 방문영업 중인 고객은 분홍색, 여러 번 방문을 했지만 더 가봐야 소용없겠다고 생각되는 곳을 파란색으로 표시해보게나!"

그 지도는 거의가 파란색 일색이었습니다.

단 한 번의 만남에도 고객의 마음을 사로잡을 수 있는 영업직원도 개중에는 있습니다만, 그 수는 제한적입니다. 대개의 영업직원은 고객과의 거리를 좁히기 위해 몇 번이나 방문하지 않으면 안 됩니다. 그러나 방문을 하면 할수록 고객의 마음은 멀어져만 갑니다. 일반적인 영업직원의 실태가 있는 그대로 드러났습니다. 그것도 온통 파란색의 지도 위에.

그 이후로 우리회사에서는 방문판매를 폐지하고, 내점형 영업으로 전환한 것입니다. 내점형 영업은, '직원들을 행복하게 하고, 이 회사에서 멋진 인생을 보낼 수 있도록 하기' 위해서는 어떠한 기업 경영을 해야만 하는가를, 기존의 자동차 딜러의 상식에 얽매이지 말고 하나씩 고민해서 실행한 결과 도달한 영업 형태입니다. 그리고 이 영업 형태는, 경영의 관점에서 보아도 대단히 장점이 있다고 생각합니다.

구체적으로 숫자로 설명을 해보지요.

혼자서 한 달에 6대를 판매하는 영업직원이 있다고 합시다.

그의 경우, 영업 활동에 소비되는 시간을 분석해보니, 방문 영업에 50퍼센트, 주말 이벤트나 평일에 교대로 이루어지는 매장 대기가 13퍼센트, 자동차를 구매한 고객에 대한 애프터 팔로우 방문이 13퍼센트, 나머지 24퍼센트는 사무 업무를 보는 시간입니다.

그런데 실적과의 상관관계를 분석해보니, 가장 많은 시간을 사용한 방문판매를 통한 판매는 단 한 대에 불과했습니다.

나머지 5대는, 매장 대기를 하는 동안에 우연히 방문한 고객에게 판매한 것이 2대, 애프터 팔로우 방문에서 받은 주문이 2대, 상사의 소개를 통한 판매가 1대였습니다.

영업직원이 일부러 제 발로 고객에게 홀대를 당하러 다닌다고 할 정도로, 본인도 기분 좋을 리 없는 방문영업에 50퍼센트나 시간을 쏟아 부어도, 그 성과는 미미했던 것입니다. 이래서는 영업 활동의 합리성은 고사하고, 누구도 행복할 리가 없습니다.

"더는 방문영업을 하지 않아도 좋네."

회사를 세우고 2년차, 저는 영업직원들에게 이렇게 말했습니다. 그리고 나서, 바로 모든 영업직원이 방문영업을 하지 않는 것을 보고, 역시 누구 한 사람 방문영업을 좋아하는 이가 없었다는 것을 알게 되었습니다.

방문판매를 포기하고 나서는, 매장 대기시간을 기존의 2배인 26퍼센트, 애프터 팔로우 방문시간을 기존의 4배인 50퍼센트로 늘렸습니다.

그 결과 6대를 판매하던 영업직원은 방문판매를 하지 않았기 때문에 1대 줄어들었습니다만, 매장 대기와 애프터 팔로우에서 1대 늘어서 판매대수는 같은 결과가 나왔습니다.

앞에서 본 '파란색 일색인 지도'를 만든 영업직원의 경우는, 매장 대기에서의 판매는 같고, 애프터 팔로우 방문에 의한 판매가 2대에서 3대로 증가하는 등, 회사의 전체적인 판매대수는 이전과 거의 같은 수준이었습니다.

게다가 영업직원들은 누구도 원치 않는 방문판매에서 해방되어, 애프터 팔로우라는 고객에게 기쁨을 주는 활동에 역량을 집중할 수 있게 되었습니다. 고객들로부터도 "이 회사는 서비스가 좋구나"라는 호평을 받기 시작했습니다.

성과는 그렇다고 쳐도 이것은 과거와는 다른 커다란 변화의 시작이었습니다. '직원들을 행복하게 한다'는 회사 설립 목적의 실현이라는 점에서, 매우 의미가 있는 전환이었다고 생각합니다.

중요한 것은,
고객과의 친밀도를 높이는 것

앞에서 말한 바와 같이, 우리회사의 영업직원들은 지금, 애프터 팔로우에 50퍼센트의 시간을 할애하고 있습니다. 사내에서 CR활동이라고 부르고 있는 기존고객의 팔로우 활동입니다. CR이란 'Customer Relation'의 약어로, 고객 관계라는 의미입니다.

우리회사 CR활동의 구체적인 내용은 차를 구매한 고객을 대상으로 한 자동차의 점검이나 상태에 대한 문의를 위한 방문입니다. 결코, 세일즈를 위해 방문하는 것이 아닙니다. CR활동의 목적은, 우리회사와 고객간의 친밀도를 높이는 데 있기 때문입니다.

영업용어 중에 'Hot Customer'이라는 말이 있습니다. 바로 구매할 가능성이 높은 고객을 말합니다만, 자동차 딜러들은 새로운 'Hot Customer'를 찾는 데 열중한 나머지 보다 중요한, 이미 자사와 거래가 있는 기존고객에 대한 팔로우를 소홀히 하는 경향이 있습니다. 그것은 마치, 황금알을 낳는 거위의 배를 가르는 것과 같은 행위라고 저는 생각합니다.

우리회사와 같이 CR활동에 노력한다고 해서 갑자기 판매대수가 증가하는 것은 아닙니다만, 우리에게 호의를 가진 기존고객은 교체 구매를 할 때 상당히 높은 확률로 다시 우리회사의 고객이 됩니다. 기존고객이 신규고객을 소개해주는 경우도 적지 않습니다. CR활동은 시간은 걸립니다만, 마침내는 커다란 성과를 안겨주는 것입니다.

여기서 잠깐 우리회사 영업 활동의 에피소드를 하나 소개하고자 합니다.

어느 영업직원이 지금 당장이라도 차를 살 것 같은 태도를 보이는 고객을 방문해서 상담을 했습니다만, 계약을 하지 않고 돌아온 적이 있습니다. 이유를 물어보니, '고객께서 아직 자동차의 컬러 때문에 최종결론을 못 내리고 고민 중'이라는 것입니다. 새 차를 사기 직전의 '행복한 고민'의 시간을 고객이 충분히 즐길 수 있도록 하기 위해, 자기는 구매를 강권하지 않고 그냥 돌아왔다는 설명이었습니다.

저는 매우 기뻤습니다. 차를 파는 것이 영업의 최종목적이라면, 주저하는 고객을 설득해서 구매 결단을 내리도록 하는 것이 정답입니다. 그러나 우리는 고객에게 만족과 감동을 제공하는 것을 목적으로 합니다. 그렇기 때문에, 고객이 보다 많은 설렘과 즐거움과 감동을 경험하면서 차를 구매하도록 하자는 그 영업직원의 판단은 100퍼센트 옳은 것이었습니다.

게다가 그러는 것이 다음 차를 구매할 때에도 다시 우리회사와 거래할 확률이 높아집니다. 그는 우리회사의 방침대로 행동을 해준 것입니다.

프로세스를 평가하는
시스템을 만든다

프로세스를 중시하지 않으면 좋은 결과는 나오지 않습니다.

그런데, 경영자가 아무리 "프로세스를 중시하라"고 해도 직원들이 프로세스를 무시하고 자신의 성과만을 추구하는 현상이 발생하는 경우가 있습니다. 그 이유는 대부분, 프로세스를 평가하는 시스템이 없기 때문입니다. 다시 말해, '프로세스를 중시한다'고 하면서도, 매출이나 이익과 같은 결과만으로 직원을 평가하는 경우가 대부분이기 때문입니다.

회사가 정말로 프로세스인 고객만족을 중시하는 것이라면, 프로세스대로 하는가 아닌가를 수치화하는 시스템을 만들고, 그에 대해 평가하고 포상하지 않으면 안 된다고 생각합니다.

일반적으로 포상금이나 인센티브는 동기를 부여한다는 목적으로 그 대부분이 실적이 우수한 부서나 직원들에게 사용되고 있습니다. 여기에는 이익 배분이라는 측면도 있겠지요. 일본 기업들은 대체로 고정급의 비율이 높기 때문에, 회사에 대한 공헌도가 높은 직원들에게 조금 더 배분하려고 노력합니다. 이것이 바로 포상금을 성과급이라는 명목으로서 지급하는 배경이 됩니다.

물론 결과를 평가하는 것, 성과에 대해 보상하는 것은 중요합니다. 그러나 '프로세스를 중시하겠다'고 한다면, 일상의 영업 활동에서 무엇을 세심하게 주의하였고, 어떤 행동을 했는가를 수치화하여 평가하고 보상하는 시스템을 만들 필요가 있습니다.

이를 위해 우리회사에서는, 매일 '이런 것은 하고 있습니까?' '저런 것은 하고 있습니까?'와 같은 질문표를 만들어 그것을 성취하면 포인트를 얻는 시스템을 도입, 운영하고 있습니다.

한 대의 차를 판매하기까지, 길게 보면 10년 이상이 걸립니다. 그 10년의 프로세스를, 세세하고 정확하게 평가하는 것입니다. 이 시스템은 또한 그 자체로 제1선 영업직원에게 있어, 더할 나위 없는 교육 교재이기도 합니다. 결과는 저절로 따라 오는 것입니다.

모두가 납득할 수 있는
직원평가 시스템

프로세스의 평가에 대해 좀더 구체적으로 살펴봅시다.

창업 당시에는 우리회사도, '신차 한 대 판매당 얼마'라는 식의 단일 기준으로만 영업직원을 평가했습니다.

그러나 CR활동에 의해, 이것이 크게 바뀌었습니다. CR활동에서 중시하는 것은 판매대수가 아니라, 고객과의 친밀한 관계 구축이기 때문입니다. '신차 판매 1대당 얼마'라는 콘셉트는 우연히 매장으로 찾아온 고객에게 판매한 한 대와, 수년간 정성을 다해 팔로우해서 얻은 한 대를 똑같이 평가하게 됩니다.

이래서는 영업직원들도 납득하기 어렵습니다. 그래서 도입한 것이, 판매에 이르는 프로세스를 평가하는 시스템입니다.

즉, 임의보험 계약은 따냈지만 중고차 매입은 있는지, 매장 인도인지, 관계서류는 신속하게 제공했는지, 서비스(점검이나 수리, 오일교환 등) 입고는 있는지 등, 판매에 관계되는 모든 프로세스를 포인트화하여 그 합계에 의해 영업 활동을 평가하고 있습니다.

그중에서도 점수항목이 큰 것이 바로 '고객과의 접점을 확보한 루트는 무엇인가'입니다만, 단순히 상사의 지시나 소개로 인해 담당이 된 경우에는 거의 포인트를 얻을 수 없습니다.

'서비스(정비) 부문이나 중고차 부문 등 관련부서를 고려해서 업무를 추진하고 있는가'라는 팀워크에 관한 포인트도 있습니다. 게다가 포인트를 인정하는 것은 상사가 아니라, 실제로 업무에 관여하는 동료 직원들로, 우리회사에서는 베테랑 영업직원이 젊은 여성 직원에게 포인트 도장을 받는 장면도 흔하게 볼 수 있습니다.

다만 아무리 프로세스에 충실했다고 하더라도, 그래서 아무리 많은 포인트를 얻었다 하더라도, 최종적으로 판매 실적이 없는 경우에는 포인트를 사용할 수 없습니다. 실제로 차를 판매함으로써 비로소 포인트를 사용할 권리를 얻게 되는 것이라고 생각하면 이해가 쉬울 것입니다.

앞서 제1장에서 언급한 바와 같이, "도덕을 잊은 경제는 죄악이고, 경제를 잊은 도덕은 잠꼬대다"라는 말처럼 도덕과 경제, 우리회사의 영업직원에 대한 평가 방법은 이 모두를 평가하는 것이라고 말할 수 있습니다.

사실 이 포인트에 의한 평가는 판매대수만으로 평가하는 방법에 비해 상당히 복잡합니다. 그래서 '어렵다', '귀찮다'라고 생각하는 사람도 있을 것입니다. 그러나 그 수고로움에 비해 훨씬 더 중요한 것은, 매일매일의 소소한 노력을 평가에 반영함으로써 그들이 납득할 수 있도록 만드는 것입니다.

그리고 직원들이 납득할 수 있도록 하기 위해서는, 평가기준을 만드는 과정과 방법이 중요합니다. 우리회사에서는, 다른 모든 시책과 마찬가지로, 포인트 점수나 규칙도 상명하달이 아닌 영업직원들의 전체 의견을 모아 만들며, 또한 그들이 자발적으로 시간을 들여 개선해가고 있습니다.

우리회사의 '자기신고형 인사고과 제도'는, 평범한 한 사람 한 사람의 판단이나 행동이 회사의 가치기준을 따르고 있는가를 계속해서 확인하고, 평가 결과를 본인에게 피드백하는 시스템입니다. 이렇게 함으로써 직원들의 성장을 촉진하고, 동시에 자신들의 성장을 실감하면서 직원만족도 향상으로 이어지도록 설계되어 있습니다. 결국 단순히 연봉을 결정하는 툴과는 사뭇 같은 듯 다른 것입니다.

또 매니저에 대해서는, '전 스태프에 의한 매니지먼트 리더의 평가 앙케이트'를 실시하고 있습니다. 이것은 부하직원이 상사를 평가하기 위한 시스템으로, 각 매니저의 시야의 폭과 선견지명 등의 항목에 대해 전 스태프가 5단계로 평가합니다. 이 평가 앙케이트는 무기명으로 실시합니다.

인간은 누구나 자신이 대단한 인간이라고 생각하고 싶어하며, 그렇게 착각하는 존재이기 때문에 진정한 자신을 알기 위해서는 자신의 모습을 반추하기 위한 '거울'이 필요합니다. 부하직원이 매니저를 평가하는 이 앙케이트는 그 '거울'의 역할을 하는 것입니다.

또 매니저의 평가와 관련해서 우리는, 어떤 영업직원의 실적이 올라가지 않는 것은 본인의 책임이 아니라 상사와 그 지도법에 문제가 있다고 생각합니다. 지도법이라고 하는 것도, 실적이 오르지 않는 직원에게 "이게 뭐야! 똑바로 안 할래?"라고 강하게 압박하는 식의 지도가 아닙니다. "안 팔리면 이렇게, 저렇게 해보라"고 지시, 명령하는 식의 지도도 아닙니다.

그럼 무엇을 하는가 하면, 우선은 듣습니다.

"어떤 식으로 영업을 하고 있지?"

"왜 실적이 오르지 않는다고 생각하지?" 라고 묻습니다.

그리고 영업활동 보고서를 스스로 작성하여 보여 달라고 요청합니다. 영업직원은 자신의 활동기록 보고서를 작성하기 시작합니다. 이 활동기록은, 과거 수개월간 매일매일의 애프터 팔로우 방문건수, 고객의 내방건수, 전화 혹은 엽서나 편지를 보낸 건수와 그 내용, 서비스 부문에의 점검이나 수리 입고 상황 등입니다.

자신의 활동 프로세스를 되짚어보는 보고서를 만들어보면, 그 작성 단계에서 본인이 반성할 만한 몇 가지 포인트가 저절로 보이게 됩니다. 그것을 보고 받으면 상사도 평상시에 어떤 지원을 하지 않으면 안 되었는가, 어디에 주목해야만 했는가를 알게 됩니다.

보고서를 만들어봄으로써, 영업직원 자신도 자신의 문제점을 명확히 알 수 있는 동시에 상사도 지도방법을 어떻게 바꾸어야 하는가를 알 수 있게 되는 것입니다.

문제해결에만 집중하는
회사가 되고 싶다

장기불황 속에서도 실적이 계속 올라간다는 것 때문에 최근 몇 년간 신문이나 잡지, 텔레비전의 취재를 받는 일이 많아졌습니다. 그때마다 받는 질문이, "앞으로 어떤 회사가 되기를 바라십니까?"라는 것입니다.

저의 대답은, "문제를 발견하고 문제해결에만 집중하는 회사, 즉 문제에 대한 조치로 끝나는 것이 아니라 문제를 해결하는 회사를 만들고 싶다"는 것입니다.

해결해야 할 문제의 원인은 항상 상류에 존재합니다. 그 상류의 문제를 해결하지 않는 한 하류에서 문제는 언제나 표면화될 뿐입니다. 원리원칙에 비추어 본질을 파악하고, 표면화하기 전에 상류에 있는 문제를 해결하기 위해 항상 노력하다 보면, 하류에서 문제가 터지고 나서야 뒤늦게 취하는 응급조치를 하지 않아도 될 것입니다.

'문제의 근본을 해결하는 자세가 습관이 되어있는 회사, 모든 직원들이 문제를 찾아다니는 회사를 만들고 싶다', 이것이 제 바램입니다.

그렇다면 '문제해결에만 집중하는 회사'가 되면, 우리회사는 어떤 모습일까요?

우선 당장 차를 사줄 만한 고객을 찾아 헤매는 일이 없어지기 때문에, 판매 촉진이나 광고 선전이 필요없어집니다. 그렇게 되면 영업직원들은 전체의 90퍼센트를 고객만족을 위한 업무에 집중하게 되고 나머지 10퍼센트는 계약서 작성 등의 정형적 업무를 하게 됩니다. 이렇게 되면, 밖에서 봤을 때 무엇을 파는 회사인지 알 수 없게 될지도 모르겠습니다. 밖에서 봤을 때 무엇을 하는지 알 수 없는 회사, 경쟁자로서는 무서운 상대일 수밖에 없겠지요?

이런 레벨에 도달하면, 레스토랑이나 호텔 등 어떤 업종에 도전한다 해도, 높은 수준의 서비스를 제공할 수 있는 기업이 될 수 있습니다. 회사가 가지고 있는 역량의 대부분을 고객만족에 집중할 수 있기 때문에 이는 당연합니다.

그러나 우리회사가, 문제에 대한 조치가 전혀 없는 것은 아직 아닙니다. 오랜 기간 다양한 문제해결을 위해 노력해왔습니다만, 아직도 모든 문제를 해결하지 못하고 있는 것이 사실입니다.

문제조치는 이미 터진 사태와 관련된, '필요에 쫓겨 할 수 없이 처리해야만 하는 일'이므로, 재미있을 리가 없습니다. 이것을 '제로'로 만드는 것이 중요한 과제라고 저는 생각하고 있습니다. 그러기 위해서는 직원 한 사람 한 사람이, 언제나 문제의 싹을 찾는 자세를 가질 필요가 있습니다. 문제가 표면화 된 후에야 해결책을 찾는 것이 아니라, 문제의 싹을 찾아내고 제거하는 것입니다.

우리회사의 직원들은, 오랜 경험을 통해 문제해결에는 상당히 익숙합니다만 아직 그래도 50점 정도라고 할까요? 100퍼센트 문제의 싹을 찾아낼 수 있을 때까지, 성장은 바로 지금부터라고 생각합니다. 그런 의미에서 우리회사의 성장성은 앞으로도 무궁무진합니다.

즉, '모든 직원이 인생의 승리자가 된다'는 우리회사의 경

영이념을 위해, 자신이 인생의 승리자가 되기 위해 할 수 있
는 것이 앞으로도 얼마든지 있다는 것입니다. 이렇게 생각하
면서 모두가 매일의 업무에 최선의 노력을 다하고 있는 것입
니다.

마치며

'구성원이 행복한 회사를 만들자'

'모든 직원들이 인생의 승리자가 되자'

그러한 염원을 가지고 저는 넷츠토요타난고쿠를 경영해왔습니다.

처음에는 채용에 어려움이 많아서 인재 확보에 고전을 면치 못했습니다. 그러나 제가 운이 좋았다고 느끼는 것은, 자동차 딜러가 비인기 업종이라는 것입니다. 그렇기 때문에, 처우에 목매는 사람이 아니라 보람을 갈구하는 사람들이 입사할 수 있었다고 생각합니다.

또한 저는 저 자신을 유능한 경영자라고 생각해본 적이 없습니다. 그렇기 때문에 함께 일하는 직원 한 사람, 한 사람에 대한 믿음이 무엇보다도 중요했고, 그들의 가능성을 최대한 으로 발휘할 수 있는 환경을 만드는 데 매진할 수 있었다고 생각합니다.

　회사 창립 18년이 되는 1998년 9월 25일의 일입니다.
　코우치시는, 전날 밤부터 갑자기 쏟아져 내린 전대미문의 폭우로 인해 시내의 4분의 1이 물에 잠기는 피해를 입었습니다. 수리나 정비를 위해 맡아 놓은 고객의 자동차들도 피해를 입을 것이 예상되었습니다. 그날 아침 일찍 제가 출근해보니 이미 직원들이 미리 수배해 가져온 적재차를 이용해서 수몰된 자동차를 구하느라 분주한 모습이었습니다.
　짧은 시간에 가능한 한 많은 차를 수습하고, 보다 좋은 상태로 고객에게 인도하기 위해 한 직원은 건조 설비를 만들고, 한 직원은 정비 작업을 하고, 또 한 직원은 서술식으로 문제와 개선책을 적을 수 있는 연락보드를 만드는 것을 보았습니다.
　사무실도 수몰된 상황이라 움직임이 굼뜰 수밖에 없는데다가, 9월말의 늦더위로 아직 뜨거웠던 탓에 오전 이른 시간이었음에도 불구하고 모두들 흠뻑 땀에 젖었습니다.

그런 가혹한 상황에서 누구 하나 지시하지 않았음에도, '지금, 내가 무엇을 해야 하는가?'를 공유하면서, 진지한 표정으로 일하는 직원들이 거기에 있었습니다. 너무나도 분명하게 모든 직원들이 고객을 생각하고 있었던 것입니다.

물이 빠질 때까지 며칠, 원상태로 돌아가기까지 1주일이 걸린 불상사였습니다만, 직원들은 '서로 힘을 모으는 것이 당연하다'고 생각하고 연일, 의욕적으로 움직였습니다. 그 광경을 지켜 본 저는, '이것이 임파워먼트_{empowerment}의 놀라운 힘인가?'하는 생각에 가슴이 뜨거워졌습니다.

나중에 들은 바에 의하면, 우리가 아침 일찍부터 정신없이 움직이고 있던 그 첫날 오후에 같은 업계의 다른 회사에서는 대책회의를 하고 있었다고 합니다.

경영자의 재능에 대해 늘 스스로 의문을 가지고 있는 저는, '나한테 칭찬 받는다고 해서 뭐 그리 기쁠까'하는 생각에 평소에 그다지 칭찬을 하지 않습니다. 그러나 지금의 넷츠토요타난고쿠가 있는 것은, 분명히 말씀 드립니다만, 우리 직원들 한 사람, 한 사람 덕분입니다.

며칠 전 "설립 당시에 구상한 회사가 되었다고 생각하십니까?"라고 묻는 기자에게 저는 주저 없이 이렇게 대답했습니다. "그 이상의 회사가 되었습니다!"라고.

수해를 입은 그날처럼, 직원들의 훌륭한 커뮤니케이션과 팀워크가 있었기에 여기까지 올 수 있었던 것입니다.

저는 자신의 가능성을 최대한으로 발휘할 수 있는 사람이 인생의 승리자라고 생각하고, 저 나름의 시행착오를 거듭하면서 직원들의 일하는 보람을 추구해왔습니다. 그리고 앞으로도 그럴 것입니다.

이것이 저에게 있어, 그리고 우리회사의 모든 직원들에게 있어, '가장 소중한 것을 가장 소중하게 여기는 것'입니다.

범사일류凡事一流

○

2006년 여름, 그날도 비가 많이 내렸다.

나고야에서 토요타생산방식 벤치마킹 교육을 끝내고, 나는 혼자서 국내선 청사로 이동하여 코우치 료마공항으로 가는 일본항공 비행기에 몸을 실었다.

코우치 료마공항.

일본을 이루는 4개 섬 가운데 가장 작은 섬, 시코쿠의 코우치라는 도시에 나는 내렸다. 이번 방문으로 일본 4개 섬을 모두 방문하게 된다는 설렘과 일본 근대화의 설계자라고 불리는 사카모토 료마坂本龍馬의 고향에 왔다는 뿌듯함으로 공항에

210

놓여 있는 료마 동상을 바라보면서 밖으로 빠져나왔다.

시내까지의 이동 시간은 그리 길지 않았다. 그러나 토요타 비스타코우치(넷츠토요타난고쿠의 옛날 사명)로 가는 길은 쉽지가 않았다. 인근에 비슷한 이름을 가지고 있는 다른 딜러숍에 나를 내려놓고, 빗속을 가르며 중로의 택시 운전사는 멀어져갔기 때문이다. 멀지 않은 거리였기에 그냥 빗속을 걸어갔다.

그곳에서 요코타 회장과 오하라 소장을 만났다.

토요타자동차의 영업이나 고객만족에 대한 한국 기업의 목마름이 나를 그곳으로 이끌었다. 당시 5년 연속으로 고객만족도 1위를 하고 있던 회사를 방문해서 벤치마킹 프로그램을 만들자는 사업 제안을 하는 것이 내 목표였다. 목적은 물론 한국 기업의 성공과 성장을 위한 학습비용을 줄여주는 것이다.

다행히도, 그리고 그들의 천성이 그러하기에, 빗속을 달려온 한국의 젊은이를 그들은 반갑게 맞아주었다.

덕분에 나는 위니아만도, 웅진씽크빅, 대교 등의 기업체 임직원들과 이곳을 방문하면서 수차례에 걸쳐 심도 있는 벤치마킹을 할 수 있었을 뿐만 아니라, 특히 요코타 회장의 경영철학을 이해할 수 있는 기회와 오하라 소장과 깊이 있는 교분을 쌓을 수 있는 기회를 얻을 수 있었다.

도덕과 경제.

판매자와 구매자와 사회가 모두 원-원하는 기업을 꿈꾸고, 수십 년간 실천해온 사람들이 뿜어내는 내공은, 보고 듣는 이들에게도 감동을 제공했다. 나와 함께 이곳을 방문해서 벤치마킹한 이들은 두고두고 이 회사 이야기를 한다. 개중에는 다른 회사로 옮겨간 이후에도 넷츠토요타난고쿠의 이야기를 하면서 조직문화와 기업문화가 우려내는 깊이 있는 맛에, 새삼스럽게 감탄한다. 하물며 컨설팅 업계에서 일하는 나에게 미친 영향은 이루 말할 수 없을 정도이다.

2007년 1월에 글로벌비지니스컨설팅^{GBC}을 창업하면서 넷츠토요타난고쿠의 사상과 철학과 행동양식 대부분은 그대로 GBC에 이식되었다.

직원이 주인 되는 회사, 지시와 명령이 없는 회사.

그로부터 10년이 지나고 2016년의 막이 올랐다. 분노하고 명령하던 CEO였던 나는 어느덧 성내지 않는 싸움닭으로 조련되었고, GBC는 실질적으로 지시와 명령이 사라진 조직의 초입에 들어서 있다. 이제야 보행기 없이 설 수 있다는 정도.

그리고 고맙게도 그 10년이 더 지나도록 넷츠토요타난고쿠는 여전히 그 자리를 지키고 있었다. 13년 연속 고객만족도 1위라는 전대미문의 기록과 함께…….

마침내 토요타자동차는 2015년부터는 각 딜러회사의 고객만족도 순위를 발표하는 것을 포기하기에 이른다. 13년간 1위와 2위의 점수 차이가 너무나도 컸기에, 다른 딜러회사들의 사기를 고려해 순위 발표를 포기한 것이다.

더욱 놀라운 것은 요코타 회장이 2004년에 사장직에서 물러나 회장이 되었다는 사실이다. 2006년 내가 그를 만났을 당시에도 그는 이미 회장이었다. 일본은 한국과 달리 회장은 아무런 권한이 없다. 그럼에도 2002년부터 지금까지 13년간 1위를 기록하고 있다는 것은, 요코타 사장이 회장으로, 그리고 다시 회장에서 상담역으로 물러나고 나서도 전혀 그 기조가 무너지지 않고 있다는 것을 말한다.

내가 보기에 그들은 작은 차이를 크게 만드는 '범사일류凡事一流'에 목숨을 건 집단이다. 끽해봐야 그들은 자동차 딜러회사 직원들일 뿐이지만, 누구도 범접하지 못하는 일의 '양식'을 보여준다.

이 책은 30년을 실천하여 성공한 저자와 10년을 모방하고 따라하며 시행착오 중인 역자가 드리는 '실천의 학문'이라고 감히 말하고 싶다. 그런 점에서는 자신이 주장하고 그것을 실천한 저자가 온몸으로 뿜어내는 통렬한 사자후의 열기를, 번역자가 맥없이, 영혼 없이 잘못 전달하는 우를 범하는 일은 결단코 없다고 믿어주었으면 하는 바램이다.

오랫동안 컨설팅 업계에 몸담은 사람으로서, 우리 기업사에 가장 안타까운 현상으로 '기업의 가버넌스governance (기업 지배구조)'에 대한 논의가 한국에는 없다는 것을 꼽으며, 한편으로는 직원을 포함한 이해관계자가 회사의 주인이 되어야 한다는 최근의 결론을 다행스러운 눈길로 바라보면서, 이제 홀로 품어 온 짝사랑을 독자들과 함께 나누고자 하는 연대의 손길로 이해해주기를 바란다.

일본에서는 요코타 상담역의 경영철학을 배우기 위한 경영자스쿨이 성황리에 개최되고 있다. 이제는 비스타워크연구소의 사장이 된 오하라 소장을 비롯해서 핵심멤버들이 자신들의 사상과 활동을 일본 전역에 전파하는 '이노베이션 바이러스'로서 활약하고 있다.

한국의 많은 기업에서도 새로운 기운이 생기고 있다. '직원 만족이나 일하기 좋은 직장'이라는 생각이 그것이다. 그러나 잘못된 방향으로 가고 있다는 안타까움이 있다.

여기, 넷츠토요타난고쿠의 이야기를 보면서, 과연 그것이 외부에서 주어지는 상대적인 외분비적 자극이어야 하는지, 아니면 일하는 사람들 한 사람, 한 사람의 가슴 속에서 흘러 넘치는 내분비적 각성이어야 하는지에 대한 고민을 한 번이라도 해보았으면 하는 바램이다.

일하는 직장인들이여! 이제 세상의 도도한 흐름은 성과에 제대로 보상하지 않는 기업의 생존을 용인하지 않는다. 따라서 우리는 외적 보상을 주저하지 않는 것이 아닐까 하고 경영자를 의혹하기보다는, 자신의 삶과 자신의 인생과, 무엇보다도 그 모든 것을 가능케 하는 '일' 속에서 참된 의미를 찾아보기를 권한다.

단언컨대 이 책은 '일하는 모든 사람을 위한 책'이다.

그리고 그 방법이 놀랍게도 그리 어렵지 않다고 속삭인다.

"범사일류凡事一流, 즉 당신이 무슨 일을 하든, 그 일을 일류로 하라."

회사의 목적은 이익이 아니다

초판 1쇄 발행일 2016년 3월 10일
초판 5쇄 발행일 2019년 7월 20일

지은이 | 요코타 히데키
펴낸이 | 박희연
대표 | 박창흠

펴낸곳 | 트로이목마
출판신고 | 2015년 6월 29일 제315-2015-000044호
주소 | 서울시 강서구 양천로 344, B동 449호(마곡동, 대방디엠시티 1차)
전화번호 | 070-8724-0701
팩스번호 | 02-6005-9488
이메일 | trojanhorsebook@gmail.com
페이스북 | https://www.facebook.com/trojanhorsebook
네이버포스트 | http://post.naver.com/spacy24

한국어판 출판권 © 트로이목마, 2016

ISBN 979-11-955829-7-6 (13320)